大化改新を考える

吉村武彦
Takehiko Yoshimura

岩波新書
1743

目　次

プロローグ――神々の大化改新

大化改新とは

六四五年（大化《たいか》元）六月。朝鮮半島の百済《くだら》・新羅《しらぎ》・高句麗《こうくり》の三国が、倭国《わこく》の朝廷に「三韓《みつのからひと》の調《みつき》」を献上するという儀式が計画された。倭国に朝貢する証《あかし》である「調」の献上は、天皇が自ら参加する重要な朝廷儀式である。この時の天皇は、推古《すいこ》・舒明《じょめい》のあとを承けた女帝・皇極《こうぎょく》天皇。その場で中大兄《なかのおおえ》（皇極の子、後の天智《てんじ》天皇）や中臣鎌足《なかとみのかまたり》らは、当時最大の権勢を誇っていた蘇我入鹿《そがのいるか》を暗殺。翌日には入鹿の父、蝦夷《えみし》が自尽《じじん》した。ここに、稲目《いなめ》から馬子《うまこ》・蝦夷・入鹿と続いた大豪族、蘇我本宗家《ほんそうけ》が滅亡することになる。この年の干支が「乙巳《いっし》」なので、このクーデターのことを「乙巳の変」と呼ぶ。

乙巳の変の翌年、皇極から列島の王権史上はじめての「譲位《じょうい》（生前に位を譲ること）」をうけた孝徳《こうとく》天皇（皇極の同母弟）は、飛鳥《あすか》から難波《なにわ》へ遷都《せんと》（都を遷《うつ》すこと）を行ない、そこで「改新之詔《かいしんのしょう》」を発布、様々な新しい施政方針を示した。以後、この改新詔を核として、後に「日本」となる国家は大きな変貌を遂げていく。ここに始まる一連の改革を「大化改新」と呼んでいる。
教科書などでも必ず教わる「大化改新」のあらましは、以上のようなものであろう。だが本書のねらいはこうした政治史をたどることではない。その意図を読者の皆さんに伝えるため、まずは『日本書紀』に記された、「雨乞い」の記事を取り上げるところから始めたい。

水稲農耕の社会

古代の日本列島は、『日本書紀』(以下『書紀』と略すことがある)に「農《なりわい》は天下《あめのした》の大《おお》きなる本《もと》なり。民《おおみたから》の恃《たの》みて生《い》くる所なり」とあるように農本《のうほん》主義、つまり農業、なかでも水稲農耕を基本とする社会であった。この一文は『書紀』の「崇神《すじん》天皇紀」に登場するが、崇神天皇は、「はつくにしらすスメラミコト(この国を初めて統治した天皇)」とされる。最初の統治者の時代から、列島では農本主義がうたわれていたことになる。

水稲農耕にかかせないものは、言うまでもなく水である。右に同じ『書紀』崇神紀には、「今《いま》、河内《かわちのくに》の狭山《さやま》の埴田《はにた》水少《みずすくな》し。是《ここ》を以《も》て、其《そ》の国《くに》の百姓《おおみたから》、農《なりわい》の事《こと》に怠《おこた》る。其《そ》れ多《さわ》に池溝《うなね》を開《ほ》りて、民《たみ》の業《なりわい》を寛《ひろ》めよ」(崇神六二年七月条)という箇所もある。水が足りないために耕作が進まない地域に対して、池溝《ちこう》を進め灌漑《かんがい》施設を整備する勧農《かんのう》政策を指示したもので、耕地の拡大をはかった施策であろう。

しかし、水の確保に何より大きな影響をおよぼすのは天候である。「風雨時《かぜあめとき》に順《したが》ひて、五《いつつの》穀《たなつもの》成熟《みの》れり。人民《おおみたから》富《と》み饒《にぎわ》ひ、天下《あめのした》太平《たいらか》なり」（『書紀』反正《はんぜい》元年一〇月条）といわれる所以である。天候次第で作物の実りは変化し、日照りが続けばいかに池を作ろうとも水不足が起きるだろう。日照りに際しては祈雨《きう》（雨乞い。請雨《しょうう》・雩《あまひき》とも）が行なわれたと思われるが、実はこの雨乞いの記事が『日本書紀』に初めて登場するのが、乙巳の変時の天皇、皇極の時代なのである（皇極紀以降は、雨乞い記事は頻出する）。『書紀』によれば崇神から二十数代隔てた、この皇極の時代にはじめて「雨乞い」が語られる。このことは何を物語るのだろうか。

改新直前の雨乞い

まずは当該の記事、『書紀』皇極元年七月条を読んでみよう。

時は大化改新が始まる三年前、六四二年（皇極元）。この六月は日照りであった。当時の農作業のスケジュールとしては、三月が苗代づくり、五月が田植で、その後は田に水を維持する。翌六月に日照りが続くと、稲の成育にきわめて悪い。そのため七月に入り、雨乞いが行なわれることになった。

最初に登場するのは、村で祭祀を担当していた「祝部《はふりべ》」による雨乞いである。この時代、村を単位として農作業が行なわれていたことを示すものだろう。祝部は牛馬を殺して諸社の神に祈り、市《いち》の場所をしきりに移し、河の神(河伯《かはく》)に祈る。しかし、雨乞いの効き目はまったく表れなかった。

次は、大臣《おおおみ》の蘇我蝦夷による雨乞いである。蝦夷は寺々に命じて大乗経典《だいじょうきょうてん》を転読《てんどく》させ、仏教の作法にのっとった悔過《けか》(罪を懺悔《ざんげ》する仏教儀式の一つ)と、仏を敬う雨乞い呪法を行なわせる。さらに、百済大寺《くだらのおおてら》という当時最大の寺院の南庭において、菩薩《ぼさつ》像と四天王《してんのう》像を飾り、多くの僧を集め、雨雲をよんで降雨を祈る大雲経《だいうん》(大雲輪請雨経《だいうんりんしょうう》か)を読ませた。そして蝦夷自身が香炉《こうろ》を手に取り、焼香して発願したところ、翌日小雨が降った。しかし翌々日には、それ以上雨乞いができず、読経をやめたという。結果として、仏教による雨乞いで少々の雨が降ったことになる。

最後に皇極天皇が、飛鳥川の上流にあたる南淵《みなぶち》(現、稲渕《いなぶち》)において跪《ひざまず》いて四方《しほう》を拝み、天に向かって雨乞いした。するとすぐに雷をともなう大雨となり、降雨は五日も続いた。喜んだ天下の民衆は、「至徳のある天皇だ」と賛美したという。徳が有るかどうかは天皇にとって重要な資質であり、大雨によって天皇の権威を示す結果となった。

神々の戦い

ここで注目したいのは、三者ともに別のやりかたで、いわば別の神に祈ることで雨乞いを行なっていることである。

まず祝部のやり方は「牛馬を殺す」というもので、漢の時代にみられる中国式の雨乞いであった。いわゆる民間信仰に基づく方法である。しかし民衆の信仰を集めていた土地の神々は、一粒の雨ももたらさなかった。当時こうした雨乞いの方法が禁じられていなかった事実には注目すべきだが、結果として民間信仰には効果のないことが強調されることになった。

次に大臣・蘇我蝦夷は仏教の儀式にのっとり、仏に祈った。仏教は神とは無関係のものと思われるかもしれないが、仏教が伝来した当時、仏像は「蕃神(あたしくにのかみ)」(『書紀』欽明《きんめい》一三年一〇月条。仏教公伝)と意識されている。とくに当時の民衆にとっては、仏もまた「神」として受けいれられたのであろう。効果は少しの雨ということで、全否定ではないものの、仏教行事による雨乞いは、天皇の雨乞いには勝てなかった。後代の『書紀』の記述では「是《こ》の月《つき》より始めて八月《はつき》に至《いた》るまでに、旱《ひでり》す。百済《くだら》の僧道蔵《どうぞう》、雩《あまごい》して雨《あめ》を得《え》たり」(天武《てんむ》一二年七月条)と書かれている箇所もあり、仏教による雨乞いの効果そのものが否定されているわけではないが、ここではまもなく滅ぶことになる蘇我大臣勢力の政治的立ち位置を表したものであろう。

最後に皇極天皇は、「四方拝」という中国皇帝にならった祭祀によって雨乞いを行なう。皇極は女性天皇なので、研究者のなかには皇極の女性ならではの呪術的な資質を指摘する人もいるが、やはり重要なのは「天皇の祭祀」による雨乞い効果が『書紀』で強調されている事実であろう。これ以後の記事にあるように、列島における雨乞いは、天皇が「大夫《まえつきみ》・謁者《ものもうしひと》をば遣《まだ》して、名山岳瀆《なあるやまかわ》を祠《まつ》りて請雨《あまごい》す」（持統《じとう》六年五月条）。つまり、名山や大河（瀆）に祈雨する。『続日本紀』には、「馬を芳野水分峯神《よしののみくまりのみねのかみ》に奉《たてまつ》る。雨を祈《こ》へればなり」（文武《もんむ》二年〈六九八〉四月戊午条）や「幣帛《みてぐら》を諸社《もろもろのやしろ》に奉《たてまつ》りて雨を名山大川《めいさんたいせん》に祈《こ》ふ」（大宝《たいほう》元年〈七〇一〉四月戊午条）などの記事が多い。馬や幣帛《へいはく》（神に献げる物）を神社に奉納し、名山大川に祈雨する。おそらく幣帛の奉納が一般的だっただろう。いずれにせよ、皇極の雨乞いは、こうした天皇による雨乞いの先駆けだった。

村の祭祀をつかさどる祝部、時の実力者の蘇我大臣、そして皇極天皇。これを「神々の戦い」とみるならば、圧倒的な天皇祭祀の勝利である。それぞれの雨乞いで効果の優劣を競っているのは、あたかも雨乞いに名を借りた「権力闘争」であり、この記事は三年後に起こる乙巳の変を示唆するような演出になっているともいえる。民間祭祀は否定され、仏教を奉じる蘇我大臣は勢力の限界を示され、天皇には勝てないことを示す。いわば、乙巳の変を画期とした天皇中心の時代の到来をこそ、『書紀』の雨乞い記事は伝えているのである。大化改新において実現がめざされたのは、まさにそうした天皇中心の国づくりであった。

常世の神騒動――新興宗教と仏教

「民間信仰」と簡単に述べたが、当時の民衆はどのような信仰を持っていたのであろうか。参考になる伝承として、『書紀』皇極紀には、祝部による雨乞いと同じく中国の民間信仰の系譜につらなる、「常世《とこよ》の神」の事例が残されている。村の巫覡《ふげき》(在地の祭祀を行なう男女のシャーマン)による宗教騒動である。ちなみに「常世」とは、「不老不死の神仙の場」のこと。何が起こったのであろうか。

六四四年(皇極三)。東国の不尽河《ふじのかわ》(駿河《するが》の富士川)のほとりに住む大生部《おおふべ》多《のおお》(壬生部《みぶべ》の同族)が、常世の神(アゲハ蝶の幼虫の姿か)を祭って「富と長寿をもたらそう」と、村里の人に勧めていた。これに同調した村里の巫覡が、「常世の神を祭れば、貧しき人は富み、老いたる人は若返る」と叫び、民衆に家の財宝を捨てさせた。そして、酒・野菜や馬牛などを道に並べさせ、「新しい富が入ってきた」と扇動した。やがて都の人も田舎の人もこぞって、人々は常世の虫を清座《しきい》(ござ)に置き、歌舞し、福を求めて財宝を捨てたという。

しかし、この宗教活動は結果としてまったくご利益がなく、参加した人々の損害・出費が増えただけであった。そこで山背《やましろ》・葛野《かどの》の秦河勝《はたのかわかつ》が、民衆が惑わされるのを憎み、大生部多を討ったという。恐れた巫覡は、常世の虫祭りの誘いを中止した。「時《とき》の人《ひと》(その当時の人のことであるが、『書紀』で「時の人」に言及するときは社会批評の歌をともなう)」は、「太秦《うづまさ》は　神《かみ》とも神と聞《きこ》え来《く》る　常世《とこよ》の神を　打《う》ち懲《きた》ますも」と歌ったという。歌の中身は、太秦(秦河勝の姓、河勝を指す)が「常世の神」を打ち負かしたという意味である。この説話からは、当時の民衆の幸福が「富と不老長寿」にあったこと、また酒や野菜・馬牛などが、古い家財(珍財)にかわる「新しい富のかたち」であったことがわかる。

この大生部多とは何者だろうか。かなり後の史料になるが、大生部氏は天平《てんぴょう》一〇年(七三八)「駿河国正税帳《しょうぜいちょう》」にある駿河国駿河郡少領《しょうりょう》「壬生直信陁理」と、七六〇年(天平宝字《ほうじ》四)の付札《つけふだ》木簡《もっかん》(荷物に宛名として付けられた木札)にみられる同大領《だいりょう》の「生部直信陀理」(『平城宮木簡《へいじょうきゅう》』五—七九〇一)と同族の可能性があり、大生部多が地方豪族であったことはまちがいなかろう。だがこの記事は、東国という地方と中央との対立というよりは、朝廷の意向にそぐわない宗教活動が滅ぼされた例として描かれている。秦河勝が天皇の命を受けて大生部多を討ったとは書かれていないが、殺害という形で討ち果たしたにもかかわらず、何の罰も受けていないのをみると、少なくとも朝廷の支持がなければできなかったことだろう。

同時に注目すべきは、滅ぼした主役の秦河勝が、渡来系《とらいけい》移住民だったことである。渡来系移住民は当時、中国・朝鮮半島からの新しい知識や技術の輸入に携わった人々であり、なかでも河勝は仏教興隆に尽力したことで知られている。推古朝に厩戸皇子《うまやと》(聖徳太子)から仏像を受け取り、蜂岡寺《はちおかでら》(広隆寺《こうりゅうじ》)を建てたといわれる人物である。その河勝が大生部多を討ったということは、いわば仏教が、常世の神に象徴される民間信仰を討ったということになろう。ここでは仏教の優位性を示唆する形で事件への評価が示されている。

このように皇極紀には、いずれも中国由来の、村落の民間信仰を示す二つの記事がある。どちらの記事においてもこうした民間信仰は遅れたものとして扱われ、雨乞い行事では天皇による祭祀を、常世の神騒動では仏教を、いずれも朝廷主導の宗教政策として、その優位性を民衆に示したのである。こうした方向での民衆の精神の刷新も、また大化改新がめざしたところであった。

乙巳の変と神祇思想

雨乞いの記事を通じて天皇祭祀が重んじられたことをみたが、『書紀』では、天皇の存在そのものも「神」の存在によって語られている。乙巳の変後、孝徳朝の記事に、天皇の「神祇《じんぎ》」に関する興味深い記述がある。神祇とは、天神（あまつかみ）つまり高天原《たかまがはら》の神々（天孫降臨《てんそんこうりん》の神）と、地祇（くにつかみ）つまり天神とは異なる国土《こくど》の神のことである。この後みるように、これは天皇の統治体制にふさわしい神々の仕分けなのである。

たとえば、孝徳朝で右大臣に任命された蘇我倉山田石川麻呂《いしかわまろ》は次のように言う。

蘇我石川麻呂大臣《そがのいしかわまろのおおおみ》、奏《もう》して曰《もう》さく、「先《ま》づ以《も》て神祇《あまつかみくにつかみ》を祭《いわ》ひ鎮《しず》めて、然《しこう》して後《のち》に政事《まつりごと》を議《はか》るべし」とまうす。是《こ》の日《ひ》に、倭漢直比羅夫《やまとのあやのあたいひらぶ》を尾張国《おわりのくに》に、忌部首子麻呂《いみべのおびとこまろ》を美濃国《みののくに》に遣《つかわ》して、神《かみ》に供《たてまつ》る幣《まいない》を課《おお》す。

（『書紀』大化元年七月庚辰条）

これは倭漢比羅夫と忌部子麻呂を地方へ派遣して、神幣《しんぺい》（神への捧げ物）を賦課したという記事である。孝徳即位に際しての大嘗祭《だいじょうさい》への神幣か、東国《とうごく》への「国司《こくし》」発遣に関して悪霊・疫神を防ぐための神幣を求めたものだろう。ではなぜ「政事を議る」前に、天神地祇（神祇）を「祭ひ鎮め」るという、敬神の姿勢をとる必要があったのだろうか。

それは端的にいえば、天皇の権威もまた、「天神」によって規定されるものだったからである。たとえば、改新詔に先だって出された「東国国司の詔」冒頭には、「天神《あまつかみ》の奉《う》け寄《よさ》せたまひし随《まま》に、方《まさ》に今始《いまはじ》めて万国《くにぐに》を修《おさ》めむとす」(『書紀』大化元年八月庚子条)とある。文意は、天神が(皇孫《こうそん》に)委任したことに従って、初めて万国を統治するという内容である。つまり、天皇が万国を統治できるのは、天神の委任、そして皇祖とのつながりによるものだという。これは、皇祖から続く皇孫だけが皇位につくことができるという「皇孫思想」であろう(早川庄八・水谷千秋説)。

この考え方は改新詔宣布《せんぷ》後にも、さまざまな形で示されている。

詔《みことのり》して曰《のたま》はく、惟神《かむながら》〈惟神は、神道《かみのみち》に随《したが》ふを謂《い》ふ。また自《おの》づからに神道有《あ》るを謂ふ〉も我《あ》が子治《みこし》らさむと故寄《ことよ》させき。是《ここ》を以《も》て、天地《あめつち》の初《はじめ》より、君臨《きみとしら》す国《くに》なり。始治国皇祖《はつくにしらししすめみおや》の時《とき》より、天下大同《あめのしたおな》じくして、都《かつ》て彼《かれ》といひ此《これ》といふこと無《な》し。(『書紀』大化三年四月壬午条)

ここにも「我が子孫に統治するように委任された」とあり、「天地の初めから(天皇が)君臨している」と書かれ、初代の皇祖(ここでは神武《じんむ》天皇か)が問題にされる。こうした皇孫思想では、天皇中心の神々の体系が築かれることが前提となる。

改新期の開発伝承と地域の神々

このような天神への対応は、天皇の命による国土の開発に際しても、地域の神々への対処の仕方に現れる。改新詔にあるように、孝徳朝にはそれぞれの地域に行政単位として郡《こおり》(実際は「評《こおり》」、後に詳述)が建てられた(建郡)。「常陸国風土記《ひたちのくにふどき》」行方郡《なめかた》条には、孝徳朝における開発伝承が次のように記されている。

其《そ》の後《のち》、難波《なにわ》の長柄豊前《ながらのとよさき》の大宮《おおみや》に臨軒《あめのしたしろ》しめしし天皇《すめらみこと》(孝徳天皇)のみ世《よ》に至り、壬生連《みぶのむらじ》麿《まろ》、初《はじ》めて其《そ》の谷《たに》を占《し》めて、池《いけ》の堤《つつみ》を築《つ》かしめき。時に、夜刀《やつ》の神、池の辺《へ》の椎株《しいのき》に昇《のぼ》り集《あつ》まり、時《とき》を経《ふ》れども去《さ》らず。是《ここ》に、麿《まろ》、声《こえ》を挙《あ》げて大言《たけ》びけらく、「此《こ》の池を修《おさ》めしむるは、要《むね》は民《たみ》を活《い》かすにあり。何《なに》の神、誰《いずれ》の祇《くにつかみ》ぞ、風化《おもむけ》に従《したが》はざる」といひて、すなはち、役《えだち》の民《たみ》に令《おお》せていひけらく、「目《め》に見る雑《くさぐさ》の物《もの》、魚虫《うおむし》の類《たぐい》は、憚《はばか》り懼《おそ》るるところなく、随尽《ことごと》に打殺《うちころ》せ」と言《い》ひ了《お》はるその時、神《あや》しき蛇《へみ》避け隠《かく》りき。

壬生麿は、茨城《うばらき》国造で、行方郡の建郡者の一人。谷を占有して、ため池を築造した。しかし、谷地《やち》の神（夜刀の神）である蛇が集まってきて、立ち去らない。そこで麿は、「池の築造は民衆のためである。「いかなる神、いずれの祇」が天皇の風化（皇化）に従わないのか」と威嚇し、堤を築く民衆に対し、目に見える動物を打ち殺させようとした。そこで蛇が逃げ去ったという（第二章で詳述）。

この伝承によれば、国造クラスの壬生麿には、支配する谷地の神に対し、すでに畏怖の感覚はない。むしろ開発を妨害する存在として、夜刀の神（蛇）を描いている。それを正当化する理由は、「天皇による皇化」であった。そこには、在地の神々を祀るという敬神の姿勢はない。

比較のために、かなり時代をさかのぼる継体朝《けいたい》における開発伝承をみると、小首長《しょうしゅちょう》（箭括麻多智《やはずのまたち》）は、開発とともに社《やしろ》を建てて夜刀の神を祀っている。しかし、壬生麿の国土開発に対する精神は天皇中心の皇化を基準とする「合理的」なものである。建郡という行為は、土地の神々への信仰にとらわれない、いわば「開明精神」に基づくものであった。

こうした信仰の世界における「天皇中心」への変化は、もちろん大化改新時に始まったものではない。とくに中央ではすでに推古期に、開発に際して在地の神々との戦いを始めていた。

次に紹介しよう。

河辺臣《かわへのおみ》〈名《な》を闕《もら》せり〉を安芸国《あぎのくに》に遣《つかわ》して、舶《つむ》（大船）を造《つく》らしむ。山《やま》に至《いた》りて舶の材《き》を覓《ま》ぐ。便《たちまち》に好《よ》き材を得《え》て、伐《き》らむとす。時《とき》に人有《ひとあ》りて曰《い》はく、「霹靂《かむとき》（雷神）の木《き》なり。伐るべからず」といふ。河辺臣曰はく、「其《そ》れ雷《いかずち》の神《かみ》なりと雖《いうと》も、あに皇《きみ》の命《みこと》に逆《さか》はむや」といひて、多《おお》く幣帛《みてぐら》を祭《いわいまつ》りて、人夫《おおみたから》を遣《や》りて伐らしむ。すなはち大雨《ひさめ》ふりて、雷電《いなつるび》す。ここに河辺臣、剣《つるぎのたかみ》を案《とりしば》りて曰《い》はく、「雷《いかずち》の神《かみ》、人夫《おおみたから》を犯《おか》すことまな。当《まさ》に我《わ》が身《み》を傷《やぶ》らむ」といひて、仰《あお》ぎて待つ。十《と》余霹靂《よりかむとき》すと雖《いうと》も、河辺臣を犯すこと得《え》ず。すなはち少《ちいさ》き魚《いお》に化《な》りて、樹《き》の枝《また》に挟《はさま》れり。すなはち魚を取《と》りて焚《や》く。遂《つい》に其《そ》の舶《つむ》を修理《つく》りつ。

（『書紀』推古二六年是年条）

推古朝には、安芸（現、広島県）で船用の材木を伐採して造船が行なわれていた（高田《たかた》郡などに船木《ふなき》郷の地名がある）。その際、在地で雷神（霹靂）と呼ばれる樹木に対し、中央から来た河辺臣は天皇の命令（皇の命）をたてに伐採を行なった。伐採にあたり、雷神に対し幣帛を奉っているのが、孝徳朝の伝承とは異なっている。しかし、雷神が化身した魚を焼くなど、神に対する畏敬の念はない。

すでに推古朝において、河辺臣は、中央にいる「官人」として、すでに開明化された思想によって在地の雷神を撲滅した。しかし、事前に幣帛を奉る精神は持っていた。一方、孝徳朝の壬生麿には、在地の神に対し、敬神の心性は何らみられない。麿は国造という地域首長であるが、地域の神に対して幣帛も捧げなかった。時代は進んでいたのである。

開発する二人に共通するのは、天皇中心の教化策の実践者であり、その意味で開明化された政治思想の持ち主であったことである。この教化策に従わないならば、地域の神々も撲滅の対象でしかなかった。改新時の孝徳朝には、神々の世界も「天皇中心」の神祇思想に基づくという考え方が、中央のみならず地方にもすでに及んでいたのである。

改新詔と宗教改革

実は興味深いことに、こうした宗教思想や信仰についての転換が改新期に生じていたにもかかわらず、その転換の指針を示す改新詔そのものには、仏教や神祇祭祀への言及がないのが大きな特徴である。殺牛祭神のような民間信仰についても触れられていない。大化前代、推古朝の十七条憲法には、「篤《あつ》く三宝《さんぼう》を敬《いやま》へ。三宝とは仏《ほとけ》・法《のり》・僧《ほうし》なり」（『書紀』推古一二年四月条）とあり、仏教普及が推奨されていた。推古紀には「皇太子《ひつぎのみこ》と大臣《おおおみ》と、百寮《つかさつかさ》（官人）を率《い》て、神《あまつかみ》祇《くにつかみ》を祭《いわ》ひ拝《いや》ぶ」（同一五年二月条）とも記されている。さらにいえば、大化改新を経て制定された律令法には神祇令と僧尼令が含まれ、宗教的世界もまた規制・教化の対象となった。だが改新詔にはそうしたことに関する記述がない。

孝徳朝には、改新詔に先立ち、「神祇祭祀の奨励」(『書紀』大化元年七月庚辰条)や「僧尼への統制策」(大化元年八月癸卯条)が出されていた。また改新詔の後、「大化薄葬《はくそう》令」「愚俗の改廃」(大化二年三月甲申条)、「礼法」(大化三年是歳条)などが個別に出された。こうしてみると孝徳朝の政治基調は、改新詔のみにこだわらず、諸法令の全体から考える必要が生じる。第一章にみるように、改新詔が示すのは、唐帝国の周辺に位置する国家の権力集中策である。そこでは公民化と、地域行政を通じた百姓支配、そして新たな俸禄(給与)・租税(公租公課)のあり方などが提示されている。権力機構や政治体制の変更に関する具体策はここにはないが、天皇権威の確立化と結びついていたことはまちがいない。そして改新詔で提示された天皇中心の権力構造に基づき、実際の統治形態の変更が行なわれ、民衆の生活そのものにも変化が及んだはずである。本書のねらいは、そうした社会全体の変化として、大化改新をとらえることなのである。

大化改新を考える

あとの章で詳しく述べるが、大化改新を考えるのが難しい大きな原因の一つは、八世紀につくられた『日本書紀』によらざるを得ないことである。改新詔の「原文」そのものは残っておらず、この『書紀』の文章から推定・復元せざるを得ない。『日本書紀』が撰上されたのは奈良時代のことであり、すでにこの国初の本格的な法律である大宝律令も完成していた。これまでの研究で明らかになっているように、『書紀』では、この八世紀の知識や政治意識によって、前代の記録が書き換えられている（潤色《じゅんしょく》という）ことが少なからず見受けられる。たとえば改新詔が出された当時、あったはずのない「大宝令」の令文が、改新詔の文中に引用されていることなどがある。

『書紀』が編纂された当時、東アジアは激動の時代にあり、当時の政権はそのなかで開明的な「律令制国家」としての存在感を近隣諸国に示そうとしただろう。『書紀』の改新詔に大宝令文が引用され、あたかも改新詔が律令制国家の誕生と関係があるような書きぶりなのは、律令制国家の出発点を数十年前となった大化改新に置こうとしたからと思われる。こうした『書紀』のメッセージは、現実の歴史の反映ではない。実際の歴史は、律令制国家の成立まで数十年の道のりが必要であった。しかもその歴史は、必ずしも直線的に発展しなかった。我々はそのことを十分に念頭に置いて、史料批判を行なっていく必要がある。

なお、すでに「大化」の用語を使用しているが、用語について説明を加えておきたい。『書

図0–1　前期難波宮跡出土「戊申年」木簡（原品は大阪府教育庁所蔵，大阪府文化財センターより画像提供）

紀』では、孝徳即位前紀の末尾に「天豊財《あめとよたから》重日《いかしひ》足姫《たらしひめ》天《すめら》皇《みこと》（皇極）の四年を改《あらた》めて、大化元年《たいかのはじめのとし》とす」と記されているのと、続く記述の「大化元年秋七月《あきふみづき》」とある二か所しか「大化」の語はない。これは年号（元号）としての「大化」で、その意味は「大きな変化」であろう。

「大化」は『書紀』のほか、京都府宇治市の「宇治橋断碑」に「大化二年丙午之歳」の語句があるという（『帝王編年記』所引）。しかし、木簡や金石文などには大化の文字は見えず、どれも干支で書かれている。前期難波宮（後述）の北西部から出土した木簡にも「戊申年」（六四八年〈大化四〉）の記述があり（図0-1、右写真中央部分）、年号記載はない。

つまり制度・法として、大化年号を使用したという客観的な証拠がない。こうした意味では

「大化改新」の用法にも疑問が出よう。ただし、大化改新は学術用語であり、『書紀』の歴史観を表す言葉と考えることができる。本書でも、こうした意味あいで、大化改新の用語を使うことにしたい。

近年、数十万点ともいわれる出土木簡によって、天智朝からの歴史は同時代史料と『書紀』との比較検討が可能になってきた。『書紀』に描かれた「国郡制」が、実際は「国評制」であったことなど、「郡評《ぐんぴょう》論争」として教科書にも記載されている。七世紀後半の歴史は、かなり明らかになりつつある。七世紀半ばの木簡も、前期難波宮遺跡から出土し、将来は同時代史料で大化改新が説明できる日がくるかもしれない。

しかし、まずは『書紀』の記述を読むことから始めたい。第一に、皇極女帝が譲位し、そのあとに即位した孝徳天皇による政策基調を掌握することが肝要である。『書紀』を読み解くという基礎作業である。この作業を通じ、改新詔の復元をはじめとして、大化改新の実像を明らかにしていきたい(第一章)。そして改新以降、地域社会がどのように変革されたのか(第二章)、また民衆が生活する社会環境(世界)がどう変わっていったのか(第三章)、具体的に考えていきたい。本書では、こうした構成で、大化改新を考えていきたいと思う。

＊「天皇」という称号は、六八九年の浄御原令《きよみはらりょう》で制度化された。七世紀前半の対隋《ずい》外交においては、「天子《てんし》」の称号を使い、国内では「治天下王（天《あめ》の下《した》しらしめししオホキミ）」と呼ばれていただろう。「大王《おおきみ》」とも表記されるが、これは尊称である。そして、遅くとも天武朝には「天皇」の語が見えるが（木簡）、天智朝でも使用された可能性がある（野中寺《やちゅうじ》弥勒《みろく》菩薩《ぼさつ》半跏《はんか》像台座銘の「中宮天皇」）。

一　『日本書紀』が描く「大化改新」とは

1　東アジアの政変——隋・唐の建国と乙巳の変

中国と倭国

大化改新は、日本列島で行なわれた政治改革である。しかし、起点となった「乙巳の変」が、高句麗・百済での政変に続いて生起したことが明らかに示すように、東アジア、とりわけ中国の周縁で行なわれた改革という大きなくくりから考えることが必要であろう。また広く中国文明圏で生じた「中国にならった文明化」という視座も重要となる。

いうまでもないことであるが、本書で使用している文字は、漢字由来のかな(平がな・片かな)であり、漢字・漢語である。このように現代に至るまで、日本文化は中国から輸入した文化の強い影響下にある。

そもそも列島の言葉(日本語)は、中国語とは明らかに文法構造が異なった言語である。しかも、漢字を受容する前に、独自の文字を発明するには至らなかった。しかし、漢字・漢語・漢文を使用することで、中国の思想・文化の受けいれが可能になったばかりか、個人ないし国家意思を文字で表記することができるようになった。この漢字表記は、中国のみならず、その周縁地域どうしの意思伝達の手段ともなり、相互の国際交流が可能になった。その意味は、列島古代史にとってきわめて大きい。

倭国・日本は、その地理的位置から、中国大陸と朝鮮半島に強く影響されてきた。日本列島は大陸の東方海上に弧状に位置しており、大陸との橋脚部にあたる場所に朝鮮半島(韓《かん》半島)がある。こうした大陸・半島・列島の地理的関係から、列島社会における思想と文化は、常に先進的な中国と朝鮮の影響を受けてきた。しかも、政治的な影響も少なくなかった。

少し歴史を振りかえってみよう。まず中国との関係をみると、九州に位置した奴《な》国《こく》は、古くは漢の時代に「漢委奴国王《かんのわのなのこくおう》」の金印を与えられた(『後漢書《ごかんじょ》』)。三世紀の倭国女王の卑弥呼《ひみこ》は、三国時代の魏《ぎ》から「親魏倭王《しんぎわおう》」の称号を授与された(『魏志』倭人伝)。五世紀の倭の五王《ごおう》の時期になると、倭国王は即位ごとに使者を南朝の宋《そう》に派遣し、倭国王の地位を冊封《さくほう》されていた。たとえば武《ぶ》(ワカタケル、雄略《ゆうりゃく》天皇)は、宋から「使持節都督《しじせつととく》倭・新羅・任那《みまな》・加羅《から》・秦韓《しんかん》・慕韓《ぼかん》六《ろっ》国諸軍事《こくしょぐんじ》、安東大将軍《あんどうだいしょうぐん》、倭王」(『宋書《そうじょ》』倭国伝)の称号をもらっていた。

このように羅列しただけでも、列島の王権は大陸と密接な外交関係を持っていたことがわかる。その理由は何か。高度な文化の輸入のほか、列島統治の正統性を中国皇帝に求めてきたからであろう。これらは、倭国側における一面の真実である。しかし、中国側の政治的事情も考えねばならない。

中国では、皇帝（天子）が支配する「中華《ちゅうか》」と、周辺の東夷《とうい》・南蛮《なんばん》・西戎《せいじゅう》・北狄《ほくてき》の「四夷《しい》」が住む世界とが区別される華夷《かい》思想がある。皇帝は天命を受けた有徳者であり、その徳は中華だけではなく、周辺の夷狄《いてき》にも及ぶ。周辺の諸民族までもが皇帝の徳を慕い、礼の秩序を受けいれれば、中国皇帝の徳治政治は完成するという（西嶋定生『中国史を学ぶということ』）。西嶋さんは、こうした華夷思想に基づく政治的秩序を「東アジア世界」と呼ぶ。ここでは「華夷」両者の相互関係によって、中国中心の国際世界が成り立っていることになる。ところが七世紀になると、倭国は中国中心の国際的秩序から離れた行動をとる。主観的には、中国から自立した方向へ舵を切っていくのである。

隋・唐による中国統一

その中国では、五八一年に文帝《ぶんてい》が北朝の隋王朝を開いた（五八一～六一八年、図1-1）。翌年には大興城《だいこうじょう》（新しい長安城《ちょうあんじょう》）を建設して、大運河を開くなど積極的な政治を開始した。隋は五八九年正月、南朝の陳《ちん》を滅ぼして中国を統一する。五九〇年（崇峻《すしゅん》三）三月、百済から学問尼の善《ぜん》信《しん》らが帰国しているので、新たな中国情勢が倭国に伝わった可能性がある。この隋に、倭国が使者を派遣するのは、六〇〇年(推古八、中国では開皇《かいこう》二〇)であった。『書紀』には書かれていないが、『隋書《ずいしょ》』倭国伝に記事がある。

六〇七年(推古一五)の遣隋使《けんずいし》は、「日出《ひ》ずる処《ところ》の天子《てんし》、書《しょ》を日没《ぼっ》する処の天子に致《いた》す」(『隋書』倭国伝)と書かれた国書《こくしょ》を持参した。倭国王は、自らの称号を隋と同じ「天子」と名のり、対等の資格での外交を企図したのである。隋の煬帝《ようだい》が「蛮夷《ばんい》の書、無礼《ぶれい》なる者あり、また以《もっ》て聞《ぶん》するなかれ」(同)と怒ったのは当然のこと。東夷の国が、隋皇帝と対等の「天子」の称号を名のることなど、許されることではない。しかし、半島の高句麗などとは違って、政治的制裁の対象となることはなかった。

六一八年(推古二六)に煬帝が殺されて、李淵《りえん》(高祖《こうそ》)が唐を建国した(六一八～九〇七年)。倭国には、高句麗使によって「隋《ずい》の煬帝《ようだい》、三十万の衆《いくさ》を興《おこ》して我《おのれ》を攻《せ》む。返《かえ》りて我《わ》が為《ため》に破《やぶ》られぬ」(『書紀』推古二六年条)と伝えられた。六三二年には、六〇八年に隋に渡った僧旻《みん》らが帰国したので、政治情勢はさらに詳しく伝えられたであろう。

唐では、六二六年に李淵の子・李世民《りせいみん》が皇帝となり(太宗《たいそう》)、六二八年に中国を統一した。そして、六三〇年には北方の突厥《とっけつ》(東突厥)を滅亡させ、「貞観《じょうがん》の治《ち》」と呼ばれる律令に基づいた国内統治を行なった。六四〇年には西域の高昌国《こうしょう》を滅ぼしている。

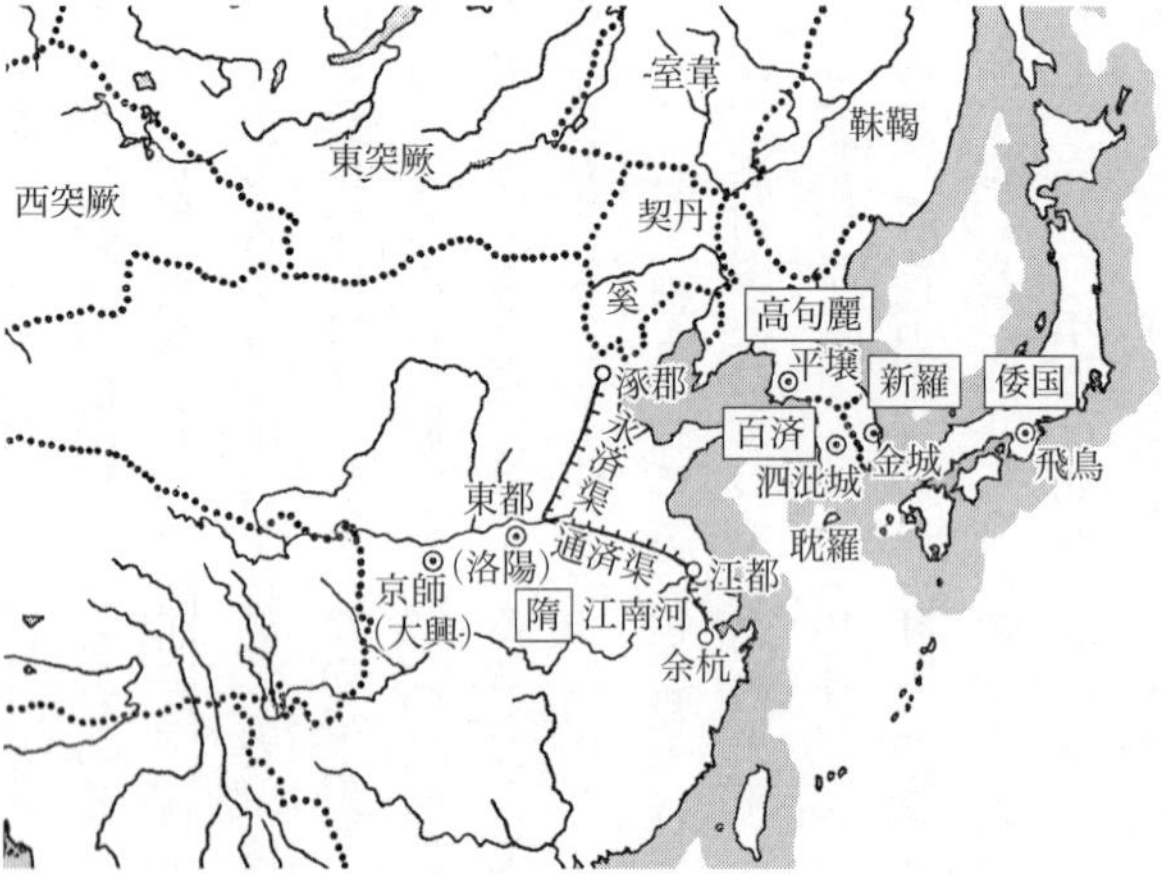

図 1-1　7 世紀初の東アジア地図

唐の国内政治と倭国との関係は、どうだったのであろうか。すでに帰国した留学生が、「其《か》の大唐国《もろこしのくに》は、法式《のり》備《そなわ》り定《さだま》れる珍《たから》の国なり。常に達《かよ》ふべし」（推古三一年七月条）と、法治国家の様相を伝えている。六三〇年（舒明《じょめい》二）八月には、舒明天皇が犬上御田鍬《いぬかみのみたすき》と薬師恵日《くすしえにち》らを遣唐使として派遣した（第一次遣唐使）。その御田鍬は、六三二年に唐使高表仁《こうひょうじん》らと帰国する。このようにして、唐帝国と倭国との外交交渉が始まり、新しい文物・文化が倭国に伝わるようになった。

朝鮮半島の政変

唐の巨大化にともない、東方の半島諸国や列島への影響はしだいに大きくなっていく。政治力だけではなく文化の輸入もあり、否応なしに唐帝国の有形無形の外交圧力に対応できる政権の確立が必要になってきた。ただし、陸続きの半島と海で隔てられた列島では、対応の方法は異なってくる。海という緩衝のある列島では、唐からの直接的圧力は少なく、大陸や半島情勢は、少し間をおいて伝わってくることになる。

『書紀』皇極元年(六四二)正月条によれば、遣百済使の阿曇連《あずみのむらじ》比羅夫《ひらぶ》が筑紫《つくし》より早馬《はやうま》で帰り、「其《か》の国(百済)は、今大きに乱《みだ》れたり」と伝える。続く二月条には、百済の使者からの情報として、

今年《ことし》の正月《むつき》に、国《くに》の主《こきし》の母《おも》薨《みう》せぬ。また弟王子《だいおうじ》・児《こ》翹岐《ぎょうき》及《およ》び其《そ》の母妹《おもはらから》の女子《えはしと》四人、内佐平《ないさへい》(百済の内官)岐味《きみ》、高《たか》き名《な》有《あ》る人《ひと》四十余、嶋《せま》に放《はな》たれぬ。

と記されている。

ところが、『書紀』皇極紀の朝鮮関係記事は複雑で、錯誤があるとこれまで考えられてきた。整理して述べると、百済では六四三年に事件があったようだ。六四三年一月に国王の母が亡くなると、翹岐《ぎょうき》(余豊璋《よほうしょう》)が太子《たいし》(皇太子)を廃されて島に追放された。そして、倭国に来ることになる(鈴木靖民『日本の古代国家形成と東アジア』)。百済では国王が権力を集中したのである。し

たがって、先に引用した皇極元年(六四二)二月条は、本来は翌年の皇極二年四月条(この記事が正しい)における筑紫からの早馬情報が錯誤した記事である。そのため、翹岐来日の事実も皇極二年四月条から考えなければならない。

一方の高句麗については、別の皇極元年二月条に高句麗からの使者の言として、

去年《いにしとし》の六月《みなづき》に、弟王子《だいおうじ》薨《みう》せぬ。秋九月《あきながつき》に、大臣《おおきおみ》伊梨柯須弥《いりかすみ》、大王《こきしむ》を弑《ころ》し、あはせて伊梨渠《いりこ》世斯《せし》ら百八十余人を殺《ころ》せり。よりて弟王子の児《こ》を以《も》て王《こきし》とせり。己《おの》が同姓《うがら》都須流《つする》金流《こむる》を以て大臣とす。

と伝える。高句麗の記述は、『旧唐書《くとうじょ》』『三国史記』などに関連記事があり、六四二年に事件が起こった。大王は栄留《えいりゅう》王、弟王子がその弟の大陽王、そして大臣伊梨柯須弥が泉蓋蘇文《せんがいそぶん》である。事件とは、泉蓋蘇文が栄留王を殺害して大陽王の子の宝蔵《ほうぞう》王を即位させ、実権を掌握するというクーデターである。実はその前に泉蓋蘇文に犯罪行為があり、貴族が彼を殺すことを察知して先制攻撃に出たものという。具体的なクーデターのことは、『書紀』の記載順序とは異なり、高句麗の方が早かったのである。

具体的な発端は不明であるが、唐帝国の覇権主義が周縁諸国に及びだし、各国の国王と貴族勢力とが、権力集中をめぐって争う事態が起こってきた。貴族が実権を握る高句麗型の政変と、国王が権力を集中した百済型の政変が相次いで生じ、その状況が倭国に伝えられたのである。

倭国の政治的緊張

こうした政変が伝わったので、倭国の政局には大きな衝撃が走る。『書紀』によれば、蘇我本宗家側の防衛体制のありさまが記述されている。

> 蘇《そ》我大臣《がのおおおみ》蝦夷《えみし》・児入鹿臣《こいるかのおみ》、家を甘檮岡《うまかしのおか》に双《なら》べ起《た》つ。大臣の家を呼《よ》びて、上《うえ》の宮門《みかど》と曰《い》ふ。入鹿が家をば、谷《はさま》の宮門〈谷、此をば波佐麻《はさま》と云ふ〉と曰ふ。男女《おのこごめのこご》を呼びて王子《みこ》と曰ふ。家《いえ》の外《と》に城柵《きかき》を作《つく》り、門《かど》の傍《ほとり》に兵庫《つわものぐら》を作る。門毎《ごと》に、水盛《みずい》るる舟《ふね》一つ、木鉤《きかぎ》数十を置《お》きて、火《ひ》の災《わざわい》に備《そな》ふ。恒《つね》に力人《ちからひと》をして兵《つわもの》を持ちて家を守らしむ。
>
> （皇極三年一一月条）

群臣でありながら、王族のように「宮門」や「王子」といった呼称を用いる蘇我氏の専横が目につく記事である。飛鳥地域には、甘檮岡（現、甘樫丘《あまかしのおか》）の上方と下の谷間に建造された家の

図1-2　甘樫丘周辺遺跡図

ほか、寺(飛鳥寺)・墓(石舞台古墳等)など、蘇我氏の施設が多い。甘樫丘東麓遺跡が、蘇我氏の邸宅と関係する可能性もある(図1-2)。いずれ将来、蝦夷と入鹿の邸宅跡が発見され、当時の面影が再現される日がくることになろう。

問題は、そうした家の周囲に「城柵」と呼ばれる施設がめぐらされ、門のそばに武器庫の「兵庫」が設置されて、防御体制が築かれていることである。しかも門には貯水施設(水盛るる舟)と木鉤(とびぐちの類)を設けて、火災に備えている。そして「力人」に武器をもたせて防御させていたという。これらの記述は、いちがいにフィクションとはいえないと思われる。高句麗と百済で起こった半島の政変が倭国に伝わり、政治的かつ軍事的な緊張が発生していた、緊迫した政治状況と関係しているだろう。なお、王宮にはそれなりの防衛体制がしかれていただろうが、特に記述はない。

乙巳の変

当時の具体的動きは、『書紀』には詳しく物語風に描かれている。しかしその記述には、記事を編纂した後世の政治的思惑が反映されている可能性があり、額面どおりに「事実」と受けとることはできない。読解にあたっては、『書紀』編纂に対する不比等《ふひと》を始めとする藤原氏の影響も考慮する必要がある。そして、物語を通じて後世に伝えようとした『書紀』編者の意図は何か、最初に注意しておきたい。

まずは、その物語を簡潔に振りかえってみよう。中臣鎌足と中大兄(後の天智天皇)は、隋・唐に学問僧として派遣された南淵請安《みなぶちのしょうあん》のもとで、儒教を学んでいた。鎌足といえば、神祇祭祀を職務とする中臣氏の一員であるが、すでに神祇祭祀にかかわる職務を辞退していた。藤原氏の伝記である『藤氏家伝《とうしかでん》』では、鎌足は僧旻の仏堂で『周易《しゅうえき》』の講読に参加したと伝える。これは儒教経典の学修である。しかも、僧旻の仏堂であるから、鎌足は仏教をきらうこともなかったことになる。

仏教との関係でいえば、奈良時代の史料に興味深い記述が残されている。七三七年(天平九)三月一〇日の太政官謹奏《だいじょうかんきんそう》に、「白鳳《はくほう》年(孝徳朝の白雉年号のことか)より淡海天朝《おうみのみかど》(天智天皇の朝廷)まで、内大臣《うちつおみ》(鎌足)家財を割《さ》き取《と》り、(飛鳥寺の)講説の資となす」(『類聚三代格《るいじゅうさんだいきゃく》』)と記されている。鎌足は、蘇我本宗家が滅亡した後、蘇我氏との関係が強い飛鳥寺を支援していたことになる。

このように鎌足は、「中臣」という「名負《なお》いの氏《うじ》」として勤める神祇祭祀の職能から離れようとし、政治的な野心を持ち始めていたことが伝わる。とりわけ蘇我入鹿に対する反感を募らせていたようで、『書紀』には、「(鎌足は、入鹿が)君臣長幼の序《ついで》を失ひ、社稷《くに》を闚闞《うかが》ふ権《はかりこと》を挟《わきばさ》むことを憤《いく》み」と書かれている(皇極三年正月条)。最終的には、中大兄に心を寄せて南淵請安のもとに学び、やがて二人が謀って、入鹿暗殺計画をたてるようになる。

さらに鎌足は、計画がうまくいくように蘇我氏一族の分断をはかり、中大兄と蘇我倉山田石川麻呂の次女(遠智娘《おち》か)を結婚させ、蘇我氏傍系との関係を強化した。

入鹿暗殺の決行日には、「三韓(百済・新羅・高句麗)の調」が献上される日が設定された。「調」が貢納される儀式は服属儀礼であり、時の皇極天皇は必ず出席する。そのため、入鹿も参列することになる。詐《いつわ》って仕組まれた儀式であったが、百済・新羅・高句麗使が「調」を貢納する条件は存在していた。猜疑心が強いといわれる入鹿であったが、儀式であるから仕方なく剣をはずして参列した。その儀式の最中に、入鹿は中大兄らの先導によって殺されたのである。

皇極天皇に近侍していた古人《ふるひと》大兄は、「韓人《からひと》、鞍作臣《くらつくりのおみ》(入鹿)を殺《ころ》しつ」と語ったという。しかし、韓人が入鹿を殺したという事実はない。不思議な記述であるが、『書紀』には「韓《からひとの》政《まつりごと》に因《よ》りて誅《つみ》せらるるを謂《い》ふ」と注記している。『書紀』編者は、「三韓の調」を献上する儀礼を「韓政」と解釈したと思われる。

暗殺後、入鹿の遺体は父の蝦夷邸に運ばれた。その翌日、蝦夷も自尽した。こうして蘇我本宗家は滅亡した。ただし滅んだのは、あくまで稲目から馬子―蝦夷―入鹿と続いた本宗家である。蝦夷・入鹿父子の殺害側にまわった、蘇我倉山田石川麻呂をはじめとする蘇我氏の傍系まで一族すべてが滅んだわけではない。暗殺事件が「乙巳年《いっし》」(六四五年)に起こったので、このクーデターは「乙巳の変」と呼ばれている。
東アジアに視野を拡げれば、朝鮮半島の高句麗・百済の政変に続き、日本列島では王権側が権力を自らに集中させた百済型と同じような政変が行なわれたことになる。節を改め、政変後の倭国の政治動向を『書紀』から見てみよう。

2　孝徳天皇の即位と「改革の使者」

皇極女帝の譲位

乙巳の変後、皇極は自ら位を譲り、最終的には同母弟の孝徳天皇が即位した。これまでの天皇(王)は、終身王位制であり、天皇の死をもって次の天皇が即位していたのが、ここに初めて生前の「譲位」が行なわれた。ヤマト王権の歴史において、この譲位は画期的である。その理由は、どこにあるだろうか。

子の中大兄が主導し、目前で入鹿が殺されたクーデターに、皇極が衝撃を受けたことはまちがいなかろう。そして皇極は当初、次の天皇として、「天豊財重日足姫《あめとよたからいかしひたらしひめ》天皇(皇極)、位《みくらい》を中大兄《なかのおおえ》に伝へたまはむと思欲《おもほ》して」(孝徳即位前紀)と中大兄の名をあげている。つまり皇極は、中大兄の即位を望んでいた。ただし、二〇歳と年齢が若く、三〇歳未満で天皇になった人物はいなかった当時、まだ適齢ではなかった。そのため、中大兄の舅《おじ》にあたる軽《かる》皇子(孝徳)が即位した。『書紀』は、「(皇極)璽綬《みしるし》を授《さず》けたまひて、位《みくらい》を禅《ゆず》りたまふ」と記す。

これがヤマト王権史上、最初に起こった「譲位」である。王権の歴史において、初めて譲位した天皇が、女性天皇であることに注目したい。

女性天皇の譲位は、その後も持統、元明《げんめい》、元正《げんしょう》と続くが、いずれも次代に即位させたい人物がいる場合の「つなぎ」であることを特徴とする(吉村武彦『女帝の古代日本』)。皇極(斉明天皇)は子の中大兄に、持統は子の草壁《くさかべ》皇子亡き後、孫の軽皇子(文武天皇)に、元明も子の氷高《ひたか》内親王(元正天皇)に譲位した。子孫への譲位が続く。男性天皇の譲位は、七四九年(天平勝宝元)の聖武《しょうむ》天皇まで待たねばならない。その次の孝謙《こうけん》女帝も譲位している。

こうした女帝と譲位との関係をみると、皇極譲位が後代にもたらした政治的影響は大きい。

「天皇殺し」

皇位継承の歴史において、譲位は画期的な出来事であるが、終身王位制のなか、王位を全うできなかった例外が他にも二人いる。連れ子の眉輪《まよわ》王に殺された安康《あんこう》天皇と、蘇我馬子に暗殺

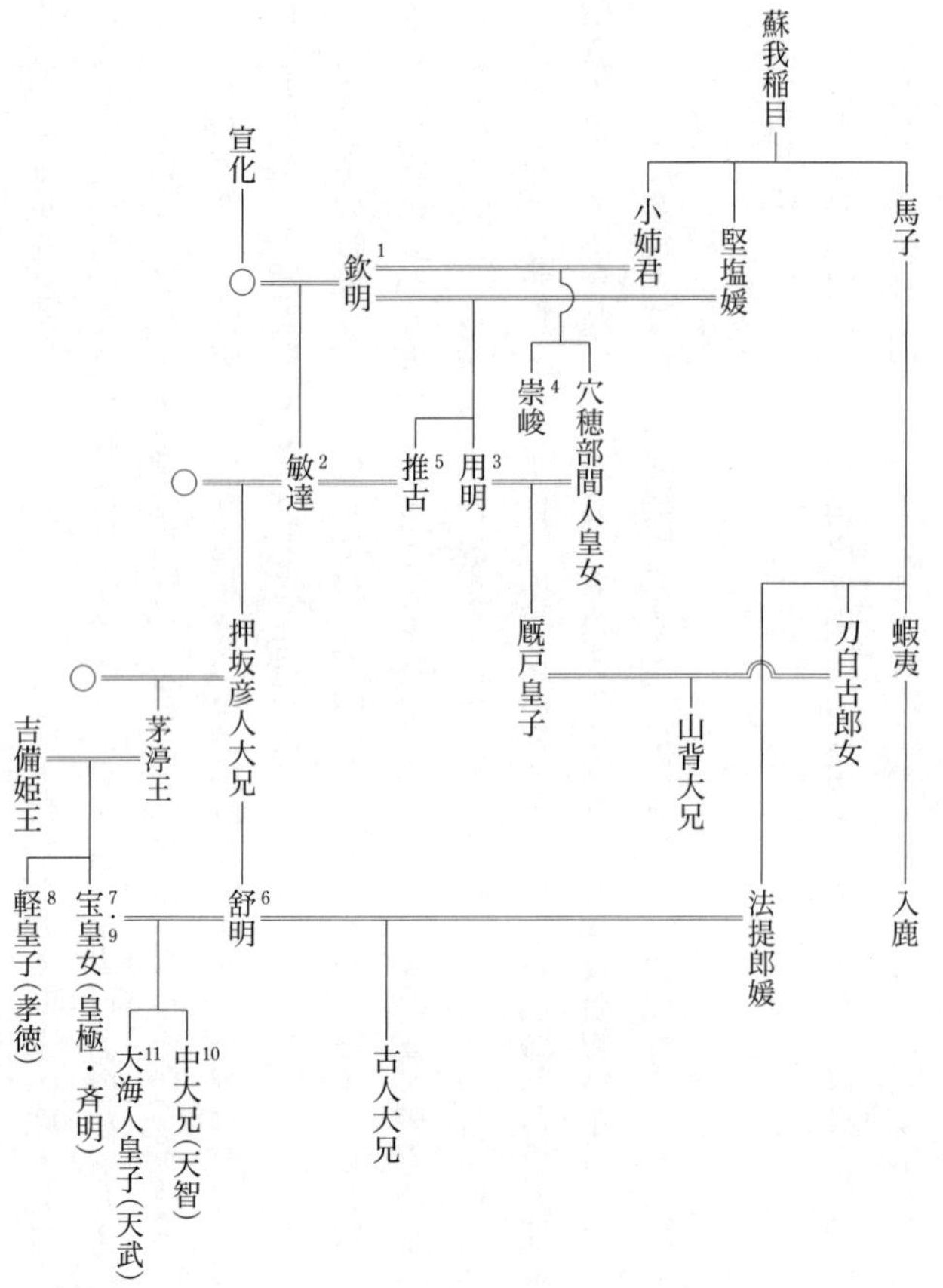

図 1-3　天皇家(欽明以降)と蘇我氏系図

された崇峻天皇である。眉輪王の場合は、父親（大草香王子《おおくさか》）を安康に殺されたにもかかわらず、母親（中蒂姫《なかしひめ》）が安康の皇后になったという怨恨に発した殺人であった。次に即位したのは雄略天皇であるが、雄略も「兄殺し」の伝承をもって即位する。この時代、まだ明確な皇位継承のルールがなく、そうした時代背景をもつ「天皇殺し」であった。

崇峻は、時の権力者の馬子との確執があった。馬子は、崇峻が「何《いず》れの時にか此《こ》の猪《しし》の頸《くび》を断《き》るが如《ごと》く、朕《わ》が嫌《ねた》し（きらい）とおもふ所《ところ》の人《ひと》（馬子のこと）を断《き》らむ」（崇峻五年一〇月丙子条）と述べたことを伝え聞き、崇峻を殺害させたという。このような殺人は、あるいは退位の制度があれば、配流《はいる》などの違ったかたちで処理されたかもしれない（奈良時代の淳仁《じゅんにん》天皇）。しかしおそらくこの時期、天皇が生きたまま退位するなどは思いも至らなかった可能性が高い。それにもかかわらず、乙巳の変では、当時の権力者入鹿暗殺という政治的事件のさなか、初めて譲位が実現することになったのである。

孝徳天皇の即位

即位した孝徳は、皇極の同母弟である。父は敏達《びだつ》天皇の孫にあたる茅渟《ちぬ》王であり、本来ならば、皇位には遠い存在であった。先述のように皇極の子・中大兄はまだ二〇歳で、即位するには若すぎることが最大の理由と思われるが、『書紀』には、孝徳即位には中臣鎌足の意向がはたらいたと記されている。皇極との姉弟関係が、即位に影響したのであろう。即位後の皇后には、皇極の娘・間人《はしひと》皇女が選ばれている。

即位した孝徳は、中大兄を「皇太子（皇太子の称号は浄御原令からなので、当時は「太子《ひつぎのみこ》」か）」、阿倍内麻呂《あべのうちまろ》（倉梯麻呂《くらはしまろ》とも）を左大臣、蘇我倉山田石川麻呂を右大臣に任じた。これまでの「大臣」を左右に分けて、左・右大臣としたことになる。そして、中臣鎌足を内臣とし、僧旻（かつて隋時代の留学僧）と高向玄理《たかむこのくろまろ》（同、留学生）を国博士《くにのはかせ》としたという。

そして五日後には、孝徳と皇祖母尊《すめみおやのみこと》（皇極）と中大兄は、群臣を飛鳥寺の大槻《おおつき》（けやきの大木）の樹の下に集め、

君《きみ》は二《ふた》つの政《まつりごとな》無く、臣《やっこらま》は朝《みかど》に弐《ふたごころ》あること無し。若《も》し此《こ》の盟《ちかい》に弐《そむ》かば、天災《あめわざわい》し地妖《つちわざわい》し、鬼《おにころ》誅し人《ひとう》伐たむ。皎《いちしる》きこと日《ひ》月《つき》の如《ごと》し。

（『書紀』孝徳即位前紀）

という誓約を行なった。乙巳の変後、天皇・皇祖母尊・皇太子が権力核となったことを示すが、なぜ誓約したのだろうか。

その理由は、皇位継承のあり方がこれまでと異なったことによるだろう。この時期には、天皇の長子である皇太子が即位するようなルールはまだ存在していない。それまで新天皇を選出するのは、大臣らの群臣であった。前帝の没後に、群臣が次の天皇を推挙《すいきょ》して位に即けていた。これが皇位継承の慣習であったが、皇極の譲位後は、王権内部の意思に基づき、新しく孝徳が即位したのであった。そのため、群臣との協調を求め、誓約を結ばせたのであろう。蘇我本宗家亡き後、群臣との新たな政治的意思統一をはかったのである。このように群臣推挙による新帝即位という従来の皇位継承が変わり、新帝の選出は王権による主導になった。こうした皇位継承により、天皇と群臣(貴族)とは新たな政治関係となった。つまり、政治的力関係が逆転したのである。

孝徳は「仏法《ほとけのみのり》を尊《とうと》び、神道《かみのみち》を軽《あなず》りたまふ」天皇といわれる(即位前紀)。「神の道」軽視とは、「生国魂社《いくくにたまのやしろ》の樹を斮《き》」る類と記されている。この時代、神は樹に依りしろうので、神社の樹木の伐採は「神の道」を軽んずることになる。一方で、孝徳の性格が、「柔仁《めぐみ》(情深い)ましまして儒《はかせ》(学者)を好《この》みたまふ」とされたので、漢風謚号《しごう》では「孝徳」と命名されたのであろう。

孝徳天皇期の支配機構

次に、乙巳の変後、群臣から構成された朝廷と支配機構について、述べておきたい。既述したように、当初は左大臣が阿倍内麻呂、右大臣が蘇我倉山田石川麻呂である。そして、中臣鎌足が内臣、旻と高向玄理が国博士に任じられた。だが阿倍内麻呂は、やがて六四九年(大化五)には没してしまった。その直後、蘇我日向《ひむか》(身刺《むさし》)が異母兄の石川麻呂を讒言《ざんげん》する事件が起こり、中大兄が讒言を支持したために、石川麻呂が自殺に追い込まれる事態となった。蘇我氏の本宗家は、乙巳の変で倒されたが、傍系どうしも強い絆で結ばれてはいなかったとみえる。そして両者が没し、巨勢徳陀古《こせのとこだこ》(徳太)が左大臣、大伴長徳《おおとものながとこ》が右大臣に任命されている。

問題は、この時期にどのような官司制《かんし》(官僚制機構)が存在していたかである。『書紀』によれば、六四六年(大化二)八月に、「今汝等《いまいましたち》を以《も》て、使仕《つか》ふべき状《かたち》は、旧《もと》の職《つかさ》を改去《す》てて、新《あらた》に百《ももの》官《つかさ》を設《もう》け、位階《くらいのしな》を著《あらわ》して、官位《つかさくらい》を以て叙《さず》けたまはむ」という方針がだされている。続いて、六四九年(大化五)二月是月条には、「博士《はかせ》高向玄理《たかむくのくろまろ》と釈僧旻《ほうしそうみん》とに詔《みことのり》して、八省《やつのすぶるつかさ》・百官《もものつかさ》を置かしむ」という記述がみえる。「八省」という語句は、大宝令以降のものであるから、この記述自体は大宝令によって潤色されている。しかしながら、この孝徳期には従来と異なった新たな官司制への変換の兆しを読み取れる。

ところが、孝徳朝に設置された具体的な官司名となると史料がきわめて少なく、その実態はわからない。わずかに「刑部尚書《ぎょうぶしょうじょ》」（『続日本紀』和銅《わどう》元年閏《うるう》八月丁酉条）、「衛部《えぶ》」（同養老元年三月癸卯条）、「将作大匠《たくみのつかさ》」（『書紀』白雉元年一〇月条）「判事《ことわるつかさ》」（同斉明四年一一月庚寅条）と、「祠官《かむづかさの》頭《かみ》」（『古語拾遺』）、「祭官」（「中臣氏本系帳」）の名前が残されているにすぎない。これらは中国的な名称であるが、判事を除き大宝令以降の官司制には直接つながらない。

このなかで「祠官頭」について、『古語拾遺』には「掌叙王族（王族の管理か）」「宮内礼儀（朝廷の礼儀）」「婚姻」「卜筮（亀卜・易占）」などの職掌が書かれている。大化前代（大化改新以前）の氏姓《しせい》制と関連して成立した官司と想定されている（東野治之『長屋王家木簡の研究』）。

また、「衛部」については、宮廷の軍事を扱う官司と考えられている。「氏姓制的官司制」という規定は、学術用語として分かりづらいが、大化前代の群臣である大夫層による、国政の諸部門を分掌する体制ともいわれる（笹山晴生『日本古代衛府制度の研究』）。「大夫」は、改新詔に「大夫《まえつきみ》は、民《たみ》を治《おさ》めしむる所なり。能《よ》く其《そ》の治《まつりごと》を尽《つく》すときは、民《たみ》頼《こうぶ》る」（「民を治め」以下は、『漢書』からの引用）といわれ、「食封《へひと》（本来は、与えられた戸の租税を収得できる制度）」支給の対象となっている。旧来の大臣による氏姓制度の支配の上に、必要な管理者を配置したものであろう。

それでは、大化改新以前はどうだったのだろうか。官僚機構の端緒がみられるという、推古天皇時代(五九三～六二八年)を振りかえっておきたい。推古朝では、もちろん史料は少ないが、「馬 官《うまのつかさ》」(『書紀』推古元年四月条)・「寺 司《てらのつかさ》」(同四年一一月条)・「筑紫 大 宰《つくしのおおみこともちのつかさ》」(同一七年四月条)と「尻 官《しろのつかさ》」(法隆寺釈迦三尊像台座銘)などがみえ、官司制がある程度発展していたと思われる。「馬官」は交通制度、「寺司」は推古朝の寺院・僧尼の管理等と関連しているだろう。「筑紫大宰」が、この時期にあった証拠はないが、対外関係を担った那津官家《なのつのみやけ》(後述、七七頁)の後に設置された可能性はあるだろう。また、史料的な根拠は低いが、倉・蔵との関係が予測される「大椋官《おおくらのつかさ》」(『新撰姓氏録』左京神別《しんべつ》条)や、「祭官」「前事奏官」(「中臣氏本系帳」)などの官職もあったらしい。

こうした官司制の展開とともに、冠位《かんい》十二階制が出されており、新たな官僚制の枠組への胎動は見てとれる。孝徳天皇期においても、六四七年(大化三)に七色十三階制を定め、翌年にそれまでの古冠《こかん》を止めて施行する。ところが、左右大臣は新制度に従わず、没するまで古冠に執着したのであった。そして、六四九年に、「二官八省」の設置とともに冠位十九階制を施行しているが、これもまた左右大臣の没後、新しい左右大臣になって、やっと冠位十九階制による新冠を身につけたのである。この冠位による「大花下《だいかげ》」「小山上《しょうせんじょう》」などの木簡が出土しており(一九一頁)、まちがいなく実施されたことがわかる。しかしこうした官司制への志向を強めたにもかかわらず、なかなか新制度の定着には至らなかった。

このように、孝徳朝の官司制は、必ずしも明らかにすることはできない。そのなかで冠位制の改定にも、左右大臣が抵抗したありさまが判明する。制度が決まっても、その実現には紆余曲折が伴った。

東国と諸国への使者派遣

発足した新政権は、早速、政治改革のための行動に着手した。その政治方針としては、まずは六四六年(大化二)正月の改新詔を思い浮かべる人が多いかと思われる。しかし、必ずしもこれが最初ではない。先立つ六四五年八月に「東国国司の詔」が発せられ、九月には「諸国」に使者が派遣されている。つまり「東国」と「諸国」に対し、新たな政策が出されたのである。

これまでの大化改新の研究を振りかえると、改新詔と「東国国司の詔」への研究が多く、「諸国」への使者派遣は、必ずしも注目されてこなかった。しかも、東国と「諸国」との関係については、十分に注意が払われていない。ただし、時間的には東国の方が早いので、こちらから検討を始めよう。ちなみに「東国国司の詔」というように括弧を使うのは、当時は「国司」の用語がなかったからである。「国司」の語は、大宝令から使用され、当時は「惣領《そうりょう》」ないし「使者」の言葉が用いられたはずである。「東国」がどこを指すかについては、後の尾《お》張《わり》・美濃《みの》ないし遠江《とおとうみ》・信濃《しなの》以東の東海道・東山道が想定されている（日本古典文学大系『日本書紀』補注）。

「東国国司の詔」に関係する記事は、『書紀』の⑴大化元年八月庚子条、⑵大化二年三月甲子条、⑶同三月辛巳条、⑷同八月癸酉条（いわゆる「品部《しなべ》廃止詔」の第四段）の四詔である。「東国国司」への施策・任務と条件・権限が記されたのが⑴、その考課（勤務評価）が⑵⑶であり、それを受けた新施策が⑷となる。この四詔をめぐって、これまで色々と議論がかわされてきたが、その歴史的意味を述べてみたい。

「東国国司の詔」の特徴は、改新詔のように大宝令の条文で潤色するような方法がとられていないことである。また令文の直接的影響は、⑷を除いて基本的には認められず、改新詔とは大きな違いがある。

くわしくは第二章で述べることとしたいが、「東国国司」の基本的任務としては、第一に、戸口《ここう》調査（史料では「戸籍《へのふみた》を造る」）と田地調査（「田畝《たはたけ》を校《かんが》へる」）、そして「薗池水陸《そのいけみずくぬが》の利」の公私共同利用の実施となる。また、その任務と併行して地域編成がある。⑴に、在地首長層たる「国造《くにのみやつこ》・伴造《とものみやつこ》・県稲置《こおりのいなき》」が「我が祖《おや》の時より、此の官家《みやけ》を領《あずか》り、是の郡県《こおり》を治《おさ》む」と主張しており、「郡県(実際は「評」)」を立てて、その官人になる是非が問われている。いわゆる「立評(建郡)」ということになる。

さらに、任務としては「閑曠《いたずら》なる所に、兵庫《つわものぐら》を起造《つく》りて、国郡《くにこおり》の刀《たち》・甲《よろい》・弓《ゆみ》・矢《や》を収《おさ》め聚《あつ》め」ること、つまり「武器の収公」がある。ただし、東北の蝦夷《えみし》と接する地域では、武器を持ち主に返却することにしている。これは孝徳朝における蝦夷征討と関連した措置であろう。

これらの任務遂行のための条件と権限のなかには、現地での罪刑決定を禁止するなど国造裁判権の問題も含まれているが、主に「貨賂《まいない》」や「国司」の往来における不正を防ぐ法令である。これらは当時の国造支配下における在地支配の実情を示す興味深い史料である。

この東国への使者派遣とともに、同時に倭国六県《やまとのくにむつのあがた》(『延喜式』では、高市《たけち》・葛木《かつらき》・十市《とおち》・志《し》貴《き》・山辺《やまのべ》・曽布《そふ》)に派遣された使者にも「戸籍《へのふみた》を造《つく》り、あはせて田畝《たはたけ》を校《かんが》ふべし。〈墾田《はりた》の頃畝及び民《おおみたから》の戸口《へひと》の年紀《とし》を検覈《あなぐ》るを謂ふ〉」とみえる(大化元年八月庚子条)。この任務にも、戸口調査と田地調査とがあり、同じ職務である。

ところが、その後、諸国に派遣された使者の職務にも⑴武器の管理と兵庫の建造、⑵戸口調査(「民の元数《おおかず》」の記録)、⑶土地の兼併や売買(賃貸借のこと)禁止の政策が打ち出されている(『書紀』大化元年九月丙寅条・甲申条、大化二年正月是月条)。この諸国へ派遣された使者の任務は、

「東国国司」の職務と共通している。

　この「東国」と「諸国」との関係は、どのようにとらえればいいのだろうか。結論的にいえば、「東国」は「諸国」の一部に含まれ、ヤマト王権との政治的関係で特別扱いされた地域である。ただし、「畿内」は除外されている可能性が強い（吉村武彦「大宝田令の復元と『日本書紀』」）。

　校田《こうでん》には、「東国国司の詔」(4)に「収《おさ》め数《かぞ》ふる田《た》を以《も》ては、均《ひと》しく民《おおみたから》に給《たま》へ」とあるように、校出田（「収数田」）をともなっている。つまり単なる調査ではなく、田地の収公をともなうような校田である。その田地は、百姓に支給することになる（「凡《おおよ》そ田給《たま》はむことは、其の百姓《おおみたから》の家《いえ》、近《ちか》く田に接《つ》けたらむときには、必《かなら》ず近《ちか》きを先《さき》とせよ」）。

　さらに、「国国の堤《つつみ》築《つ》くべき地《ところ》、溝《うなて》穿《ほ》るべき所《ところ》、田《た》墾《は》るべき間《ところ》は、均《ひと》しく給《たま》ひて造《つく》らしめよ」とあるように、地域の開墾を奨励する方針がある。

　このように東国と諸国へ派遣した使者の役割を考えると、当時、戸口調査と校田が任務となる歴史的な条件が実際に存在したかどうかの検証が必要となる。

大化前代の屯倉と田荘

少し先走ることになるが、大化改新詔で廃止の対象となるのは屯倉《みやけ》と田荘《たどころ》である。つまり、大化前代の社会では、農業経営の拠点である屯倉と田荘が重要な役割を担っていた。

屯倉とは、尊称の言葉「ミ（御。尊敬・畏敬を示す語）」が修飾する「ヤケ（宅。建物を含む施設の区画）」である。改新詔でいえば、「昔在《むかし》の天皇等《すめらみことたち》の立てたまへる」屯倉となる。一方の田荘は、景観・機能は屯倉と同じと思われるが、「タ（田、田地）」を有する「トコロ（荘所。施設の場所）」の意味である。田荘の場合は、「田」の文字があるので農業経営の拠点となるが、屯倉は農業とは限らず、交通・港湾などの拠点もある。

さて、『書紀』欽明紀に、大臣の蘇我稲目が設置した吉備《きび》の白猪《しらい》屯倉に対する戸口調査の記述がある。白猪屯倉の田地に対し、農耕に従事する耕作民を田部《たべ》（部民としての農耕従事者）に編成した。しかし、十数年が経過し、籍（名簿）に載らない成人が多くでてきた。そのため、あらためて田部の丁籍《ていせき》（成人の名簿）を調査させ、籍を定めて田戸《たへ》に編成した（欽明三〇年正月条・四月条）。その後、馬子（稲目の子）が大臣として白猪屯倉に行き、田地と田部を増加させた記事もある（敏達三年〈五七四〉一〇月丙申条）。

蘇我氏は、屯倉における農業経営を効率的に行ない、ヤマト王権の財政基盤を拡大・強化していた。その方法は名籍《なのふみた》（文板のこと。ふだ。木簡に書かれた名簿か）に田部の名前を記入し、名簿を使って各人に租税(公租公課)を負担させる仕組みである。新たに組織化した田戸は、漢字表記からみると戸別に編成した可能性がある。いずれにせよ、屯倉経営の新しい管理モデルである。

このような欽明紀における白猪屯倉の運営方法を参照すると、「戸口調査」の条件は、改新時にはすでに存在していたとみられる。また、田地を増加させたことからいえば、「校田」も想定されるだろう。なお、田荘については、蘇我馬子が諸皇子と群臣を率いて物部守屋《もののべのもりや》を倒したあと、守屋の奴と宅を分割して、その一部を四天王寺に施入している(『書紀』崇峻即位前紀)。大化前代に田荘が存在したことはまちがいない。

こうした大化前代の地域では、各地の「国造」が長として統治しており、「国造制」という。国造制支配の内容については、史料が少ないために理解が難しいが、石母田正さんは(1)裁判権または刑罰権、(2)軍役を含む徴税権、(3)行政権としての「勧農」、(4)祭祀権、という支配内容を考えた(『日本の古代国家』)。

数少ない具体例をあげると、『延喜式』臨時祭式の寿詞《じゅし》条がある。出雲《いずも》国造は中央に出て、国造に補任《ぶにん》される前後の潔斎《けっさい》(忌み籠もること)期間中に、重刑を決定することができず、また校田・班田を停止されていたという。これは出雲国造が律令制下で意宇《おう》郡領を兼務していることから起こる問題であるが、国造制下の直接史料ではないものの、かつて国造の支配時期に裁判権ないし刑罰権を有し、校田・班田という田地編成の権限も持っていたことの反映とも考えられる（吉村武彦「律令制的班田制の歴史的前提について」）。こうした大化前代の田地編成の仕組みからいえば、東国と諸国に派遣された使者が、給田を含む田地編成の権限を有していたことは十分に考えられる。

この考え方に対し、小口雅史さんは「国造制の段階で、律令班田制の前提となるような田地編成にかかわる諸権限を国造＝在地首長層が有していた可能性は高い」と評価している（「首長制的土地所有」）。以上のように、改新直後に東国と諸国に派遣された「国司」が戸口調査と校田を実施する歴史的条件はまちがいなく存在していたと思われる。新政権の列島支配は、こうした地域支配の枠組づくりから始まった。

3 「改新詔」を復元する

改新詔の趣旨

新たに組織された政府は、大和《やまと》（奈良）の飛鳥から摂津《せっつ》（大阪）の難波に王宮を遷した。この難波遷都は、新しい国作りへの決意を示している。ついで、翌年の六四六年正月、四項からなる改新詔を発布した。その詔は、主文四項目と一三の副文(凡条)とから構成されている。従来から大化改新の主眼と位置づけられているので、詳しく考えていかねばならない。

ただし、『日本書紀』改新詔の構造について、細かく考察することになる。そのため、改新の流れを追っていくには、本章の第四節に進んでから、本節に戻っていただいてかまわない。なお、改新詔の原文と、関連する律令条文は、煩雑になるので参考史料として本書の末尾に掲げることにしたい。

さて、改新詔の主文を現代語に訳せば、

[第一項] 天皇らが立てた「子代《こしろ》の民・処々の屯倉《みやけ》」と、臣《おみ》・連《むらじ》・伴造《とものみやつこ》・国造《くにのみやつこ》・村《むらの》首《おびと》の保有する「部曲《かき》の民《おおみたから》・処々の田荘《たどころ》」を廃止して、「食封《へひと》」「布帛《きぬ》」を支給する。

[第二項] 京を修め、畿内国司・郡司などの官人や防人《さきもり》・駅馬・伝馬制を設け、山河によって行政区画とする。

[第三項] 戸籍・計帳・班田《はんでん》収授の法を作る。

[第四項] 旧の賦役《ふえき》をやめて、田調《でんちょう》を行なう。

という趣旨となる。

それぞれの眼目を示す言葉は、第一項の原文には「罷《や》めよ」、第二項には「造り、定めよ」、第三項には「造れ」、第四項には「罷めて、行へ」とある。つまり、旧来の施策の廃止(罷む)と、新たな建設の方針(造る)からなっている。このように改新詔は、旧来の政策・制度の転換を意図している。

なかでも第一項は、新たに「公民制」を実現しようとする方針である。なお、教科書では、続く律令制国家の土地・民衆支配を含めて「公地公民制」と書かれているが、正しくない。なぜならば、「公地公民制」のもとで班給される口分田《くぶんでん》は、法的には「私田・私地」であって「公田・公地」とはならない。口分田が「私田」となるので、口分田を「公地」とする公地公民制は学術用語として不適切である。

第二項は、「京師《けいし》(都)」と「畿内国司・郡司」などの地域の行政を担う官人の設置である。続いて「関塞《せきそこ》・斥候《うかみ》・防人《さきもり》」などの防御関係の語句がみえる。そして、「駅馬・伝馬」に関する規定となる。建郡された各地の「郡」とは交通路を通じた往来・輸送が必要となり、現実的な対処法であろう。なお、「畿内国司・郡司」を「畿内・国司・郡司」と読む説もあるが、あとで示す本項の副文（主文に関係する条項の細則）に「畿内国」とあり、「国司」の規定がないことから、「畿内国司・郡司」とする説が妥当である。

そして第三項で、「戸籍・計帳」という百姓支配と「班田収授之法」という田地の支給が規定される。最後に、第四項で賦役制の改定が述べられる。すでに東国と諸国へ派遣した使者の職務に、戸口調査と田地調査があるが、改新詔本文の用語には律令法的な潤色が施されており、律令法の起点として後から主文を組み立てたものであろう。

このように、主文の趣旨をわかりやすく説けば、［第一項］公民制を実施して、旧支配者には国家から給与を与える、［第二項］畿内国司・郡司を設けて交通網を整備、［第三項］百姓を帳簿で掌握して田地を支給、［第四項］新たな賦役を設定、ということになる。こうした政策が、『書紀』に書かれた改新詔の目的となる。

改新詔の発布後、さらに部民制の改定、そして愚俗の改廃や薄葬令などの種々の改革が実施されていく。全体としては、王権中心の国家的改革へと進んでいった。これら一連の施策を、「大化改新」と呼んでいる。ただし、プロローグで述べたように、この改新詔は『書紀』にしか記載されておらず、ほかの文献史料で詔の内容を確かめることはできない。

改新詔の潤色とは　その一

改新詔の文言について、かつては『書紀』のとおりに理解されてきたが、最初に地域の行政区画を示す「郡」の字に対し、同時期の金石文に記された「評」などの文字表記から疑問が出された。最終的には、地中から出土した木簡によって、『書紀』に記された「郡」字が当時の実態ではなく、むしろ当時「郡」の文字が使われることはありえないと判明した。この結果について、あらためて確認しておきたい。

改新詔の第二項には、「郡司」という地域行政組織の官人が設定されている。また、副文にも「郡」の規定がある(第三条)。この「郡」字(読みはコホリ)は、同時代史料である木簡によれば、七〇一年(大宝元)にいたるまですべて「評(コホリ)」と書かれており、一つの例外もない。そして「郡」字は、大宝令にはじめて規定された行政組織の文字である。したがって、改新詔にある「郡」字は大宝令によって潤色されていたことになる。このように改新詔は当時の文言のままではなく、『書紀』編纂時の法令である大宝令によって書き換えられていた。ほかにも、こうした書き換えはあるのだろうか。

たとえば、第三項の副文である第六条「里《さと》」の行政名と、第七条の「町段歩《ちょうだんぶ》」が問題となる。まず後者の町段歩制は、「郡」と同じく大宝令によって実施された単位であり、それ以前は

図 1–4　前期難波宮跡出土「玉作五十戸俵」木簡，赤外線写真，実測図と釈文(大阪文化財研究所所蔵，写真は奈良文化財研究所より提供)

「代《しろ》」の制度であった。「郡」と同じく大宝令で潤色された文字と考えられる。

次に、前者の「里」については、今日の時点ではっきりしていることは、次のようになる。「里《さと》」の最古の木簡は、六八三年〈天武一二〉の「三野大野評阿漏里」である。それ以前は「里」の字ではなく「五十戸《ごじゅっこ》」の文字表記が使われていた。いちばん古い紀年銘がある木簡は「乙丑年」〈六六五年〈天智四〉〉の「三野国ム下《むげ》評大山五十戸」。しかし、最古の「五十戸木簡」は、飛鳥京跡第五一次調査で出土した「白髪部《しらかべ》五十戸」の木簡となる〈一九一頁〉。六四九年〈大化五〉二月から六六四年〈天智三〉二月の間に作られたといわれる〈岸俊男『日本古代文物の研究』〉。

なお、大阪市中央区の難波宮の朱雀《すざく》門より南の遺跡から、「玉作《たまつくり》五十戸俵」と書かれた木簡〈図1-4〉が出土している〈谷崎仁美「発見！「玉作五十戸俵」木簡」〉。前期難波宮に関係する木簡といわれるが、残念ながら出土遺構の時期が特定できないため木簡の年代は不明である。しかし、前期難波宮が存在した孝徳朝にさかのぼる可能性も皆無ではない。もし孝徳朝の木簡だとすれば、改新詔の評価と関係してくるだろう。難波宮の北西からは、「戊申年」〈六四八年〈大化四〉。一八頁〉の紀年銘をもつ木簡も出土しており、孝徳朝の政務の一端がわかる。新たな改新詔関連の木簡の出現が期待される。

少なくともこれらの出土木簡から判断すれば、改新時には「里」字を用いた根拠はなく、

「五十戸」が用いられていたことになる。六七〇年（天智九）に作成された全国的戸籍の庚午年《こうごねん》籍《じゃく》は、「五十戸」に基づいて造られ、里制は天武朝の末年に切り替わった可能性が高い。

さらにもう一つ問題になるのは、第四項の副文・第一二・一三条である。これは都に出仕する仕丁《しちょう》・采女《うねめ》の資養（出仕した人の生活の資を提供すること）の規定で、ここに「庸《よう》」字が記されている。改新詔に「庸」の字を認める考えもあるが、現在のところ、大宝令以前の木簡には「庸」字はない。木簡によれば、仕丁の資養物としては、「養米《ようまい》」を貢進する制度となる。また、歳役（年ごとに徴発される力役）の代納としての「庸」の制度はなく、大宝令による潤色の可能性が高いという（市大樹『飛鳥藤原木簡の研究』）。現状では、今後の発掘状況を注意深く見守る必要がある。

改新詔の潤色とは　その二

こうした視点から、改新詔第三項の副文（第七条）「凡田長卅歩、広十二歩為段。十段為町。段租稲二束二把。町租稲廿二束（凡《おおよ》そ田は長さ三十歩《ぶ》、広さ十二歩を段《だん》とせよ。十段を町《ちょう》とせよ。段ごとに租《たちから》の稲《いね》二束二把、町ごとに租《たちから》の稲二十二束とせよ）」を検討してみよう。細かい検討になるが、結論を先取りしていえば、この箇所は大宝令条文の引用である。第三項に対応する養老令文は

「凡田、長卅歩、広十二歩為段。十段為町。〈段租稲二束二把。町租稲廿二束〉」。田租の規定が、本文扱い（改新詔）か注（養老令）かの違いはあるが、同文である。養老令は、大宝令の後に編纂され、七五七年に施行された法律である。大宝令と同文がほとんどなので、大宝令文の復元に役立つ。

ちなみに大宝令の復元は、主に『令集解《りょうのしゅうげ》』における大宝令注釈書の「古記《こき》」から行なう。「古記」にも「田長卅歩。広十二歩為段」とあり、また「古記」引用の慶雲《けいうん》三年九月一〇日格にみえる令（大宝令）関連文に「田租一段。租稲二束二把」「一町租稲廿二束」「段租」の語句、『書紀』白雉三年正月条に「凡田、長卅歩為段。十段為町」とある。これらから大宝令文を復元すると、養老令文とほぼ同文となる（大宝令では注の「租」の部分が、本文扱いであった可能性が高い）。このように考証していくと、『書紀』の改新詔は大宝田令田長《でんちょう》条の条文を引用していたことがわかる。

以上のように、改新詔の文章は、大宝令を始めとする後の時代の法令によって手が加えられていた。なぜ大宝令によって「郡」や「町段歩」の文字に書き直されたのかが問題となる。大宝令といえば、改新詔が出されてからすでに五十数年も経過したところで作られたものなのに、なぜなのか。その謎解きは、副文問題を述べてからにしたい。

ところで、「郡」「町段歩」や田租という制度や文字表記の潤色以外に、改新詔研究のうえで、もっと大きな問題がある。かつて日本語の表記史研究が進んでいなかったころ、研究者の大半は、もともと改新詔は和文体などで書かれており、それを漢文化した際に大宝令を利用したものと考えていた。しかし、この時期の書記法ではそもそも日本語順で文字表記することは不可能であり、原詔は漢文で書かれていたことがわかってきた。

木簡などの同時代史料によれば、この時期の日本語表記は、漢文か漢字かな(仮借《かしゃ》)が基本である。ただし、六世紀半ばの欽明朝には、「額田部臣《ぬかたべのおみ》(島根県松江市岡田山一号墳出土鉄剣銘。古墳は六世紀半ばから後半の築造)」の表記がみえ、こうした部民の表記では漢字を訓読みすることが行なわれていた。ただし、まだ日本語順の文章体の表記には達しておらず、改新の原詔が和文体で書かれることはなかった。

このように考えていけば、改新詔が後代の律令にあわせる形で書き換えられているのは、表記の問題ではなく、当時の制度を後代の大宝令で到達した基準のものとして書き換えることが、本質的な理由であったことが判明する。しかし、ここでは掘り下げることはひとまずおいて、他の項もみていこう。

主文と副文　第一・第二項

次に、改新詔の「凡」字から始まる副文（「凡条」の部分）について考えてみたい。副文は、第一項にはなく、第二項に(1)〜(5)、第三項に(6)(7)、第四項に(8)〜(13)の凡条がある。第一項の「又曰」以下の文章を副文とする見解もあるが、本書では凡条を副文として捉えるので、第一項には副文がないものとみる。

なお、第一項に副文がないのは、ここで規定される公民（律令法では戸籍に登録される百姓）の存在は律令制支配の大前提となっており、そのため大宝令には公民制の成立に関係する条文がないからであろう。さらに第一項では「子代の民・処々の屯倉」と「部曲の民・処々の田荘」を廃止するが、その反対給付として「よりて食封《へひと》を大夫《まえつきみ》より以上《かみつかた》に賜《たま》ふこと、各《おのおの》差《しな》有《あ》らむ。降《くだ》りて布帛《きぬ》を以《も》て、官人《つかさ》・百姓《おおみたから》に賜ふこと、差《しな》有らむ（大夫以上に食封、官人・百姓に布帛を等級的に与えるという意）」と指示する主文があるからであろう。つまり、主文で廃止と支給両方の方針が書かれており、副文の必要がなかったと思われる。

それでは、第二項の副文からみていこう。

［第二項］

(1)凡《おおよ》そ京《みやこ》には坊毎《まちごと》に長一人《おさひとり》を置け。四つの坊《まち》に令《うながし》一人を置け。戸口《へひと》を按《かんが》へ検《おさ》め、姧《かだま》しく非《あ》しきを督《ただ》し察《あきら》むることを掌《つかさど》れ。其の坊令《まちのうながし》には、坊《まち》の内《うち》に明廉《いさぎよ》く強《こわ》く直《ただ》しくして、時の務《まつりごと》に堪《た》ふる者を取《と》りて充《あ》てよ。里坊《さとまち》の長《おさ》には、並《ならび》に里坊の百姓《おおみたから》の清《いさぎよ》く正《ただ》しく強幹《いさお》しき者を取りて充てよ。若《も》し当《そ》の里坊に人無くは、比《ならび》の里坊に簡《えら》び用《もち》ゐること聴《ゆる》す。

(2)凡そ畿内《うちつくに》は、東《ひむがし》は名墾《なばり》の横河《よこかわ》より以来《このかた》、南《みなみ》は紀伊《き》の兄山《せのやま》より以来、〈兄、此《これ》をば制《せ》と云ふ〉。西《にし》は赤石《あかし》の櫛淵《くしふち》より以来、北《きた》は近江《おうみ》の狭狭波《ささなみ》の合坂山《おうさかやま》より以来を、畿内国《うちつくに》とす。

(3)凡そ郡《こおり》は四十里《よそさと》を以《も》て大郡《おおきこおり》とせよ。三十里《みそさと》より以下《しも》、四里《よさと》より以上《かみ》を中郡《なかつこおり》とし、三里《みさと》を小郡《すくなきこおり》とせよ。其《そ》の郡司《こおりのみやつこ》には、並《ならび》に国造《くにのみやつこ》の性識《ひととなりたましい》清廉《いさぎよ》くして、時《とき》の務《まつりごと》に堪《た》ふる者《もの》を取りて、大領《こおりのみやつこ》・少領《すけのみやつこ》とし、強《こわ》く幹《いさお》しく聡敏《さと》くして、書算《てかきかずとる》に工《たくみ》なる者を、主政《まつりごとひと》・主帳《ふびと》とせよ。

(4)凡そ駅馬《はいま》・伝馬《つたわりうま》給ふことは、皆鈴《みなすず》・伝符《つたえのしるし》の剋《きざみ》の数《かず》に依《よ》れ。

(5)凡そ諸国《くにぐに》及《およ》び関《せき》には、鈴契《すずしるし》給ふ。並に長官《かみ》執《と》れ。無くは次官《すけ》執れ。

これらの副文は、主文との関係が顕著である。主文における京師《みさと》(1)、畿内国(2)、郡司(3)、駅馬・伝馬と鈴⑷、そして関塞《せきそこ》・鈴契⑸、というように対応する。ただし、主文にある「斥候《うかみ》・防人《さきもり》」には、対応条文が記載されていない。改新詔は、先述の第一項を除けば、主文に照応する副文（凡条）を記すのが基本である。そこから考えると、副文に無い「斥候・防人」の項目は、そもそも原詔に存在したかどうか疑問ということになる。

さて、これらの副文と律令条文との関係はどうであろうか。⑴は大宝令の戸令置坊長条《こりょうちぼうちょう》と戸令取坊令条《しゅぼうれい》とに関係するが、その全文を引用するようなことはしていない。関連事項をあげているのみだが、本来ならば「坊」関係だけでよく、後半の「里」は不必要である。京には里が設定されていないので、戸令の潤色の色彩が濃厚である。戸令取坊令条に「坊」と「里」の規定が含まれたため、掲げられたのであろう。

⑵のように東西南北の四至で畿内を規定する「四至畿内《しいしきない》」は、律令法には存在しない。律令制では、四畿内（大和、山背、河内、摂津国）ないし五畿内（和泉《いずみ》国を加える）である。四至畿内は改新詔にしかなく、畿内国の設定とつながっている。この時期には、後の令制国（たとえば武蔵《むさし》国）と関連するような「国」はないと思われ、そのため四至畿内しか設置できなかった（第二章で詳述）。ここに「畿内国」の設定があることから、既述したように、「畿内国司・郡司」という読み方になる。

⑶に示される郡（当時は評）の規模（大・中・小郡）は、戸令定郡《ていぐん》条にみえる郡の規模とは異なっている。しかし、改新時の建郡（立評）は想定できるので（第二章）、官人の人数など何らかの基準が存在したであろう。それを反映したものと思われる。

郡司の任用を規定する選叙令《せんじょ》（大宝令では選任令）郡司条に関しても、改新詔では必要部分を引用している。とりわけ「郡司には、国造の性識清廉くして、時の務に堪ふる者を取」るという方針である。国造から郡司を任用する施策は、国造支配から郡司へと切り替える契機であった大化改新時にふさわしい。ちなみに大宝令では国造の位置づけが変わり（律令国造ないし新国造という）、「（其れ大領、少領才用同じくは）先づ国造を取れ」というようになる。国造から郡司を任用するのではなく、同じ力量の場合のみ優遇するという方針に変わっているのである。改新期の「（旧）国造」から、大宝令施行期の「律令国造」へと、国造の性格・地位が変化したことが、この副文の規定と大宝令の差違から読みとれる。

⑷は公式令《くしき》給駅伝馬《きゅうえきてんま》条、⑸は公式令諸国給鈴《しょこくきゅうれい》条の必要部分をピックアップして作成されている。ただし、各国の鈴の数を設定して運用する交通網が、改新時に実際に整備されたかどうかは不明としかいいようがない。むしろ問題は、駅伝制の利用を可能にするような道路の整備や建設が当時実現しえたかどうかであろう。

交通の問題としては、大化前代からすでに中央と地方の往来はあったが、駅伝制の存在とは別に考える必要がある。ただし、新たな直線道の建設は、駅伝制の整備と関係するとみていいだろう。この点は、第二章で述べる、東山道武蔵道と関係する東《あずま》の上《うえ》遺跡（埼玉県所沢市）が注目される。

このように第二項では主文・副文が対応関係にあると思われ、副文が存在する第三・第四項においても、同じ立場で分析するのを原則としたい。

主文と副文　第三項

引き続いて、第三項の副文を検討する。

〔第三項〕

(6)凡そ五十戸《いそへ》を里《さと》とす。里毎《さとごと》に長一人《おさひとり》を置《お》く。戸口《へひと》を按《かんが》へ検《おさ》め、農桑《なりわいくわ》を課《おお》せ殖《う》ゑ、非違《のりにたがえる》を禁《いさ》め察《あきら》め、賦役《えつき》を催駈《うながしつか》ふことを掌《つかさど》れ。若《も》し山谷阻険《やまはさまさが》しくして、地遠《ところとお》く人稀《ひとまれ》なる処《ところ》には、便《たより》に随《したが》ひて量《はか》りて置け。

(7)凡そ田《た》は長さ三十歩《ぶ》、広さ十二歩を段《だん》とせよ。十段を町《ちょう》とせよ。段ごとに租《たちから》の稲《いね》二束二把、町ごとに租《たちから》の稲二十二束とせよ。

この副文の(7)には、すでに指摘したが、大宝令文が引用されている。しかし、引用元の条文を含め、主文との関係がカギとなる。主文は、「初めて戸籍《へのふみた》・計帳《かずのふみた》・班田収授之法《あかちだおさめさずくるのり》を造《つく》れ」である。戸籍・計帳の作成であれば、戸令の造戸籍条・造計帳条が引用されてしかるべきである。しかし、引用されたのは戸令為里《いり》条である。なぜだろうか。

また、後半の班田収授に関係する条文は、主文の趣旨からいえば田令六年一班条ないし班田条である。しかし、その条文は引用されていない。引用されたのは田令田長条であり、そこに田租の規定が付随している。やはり主文とは直接関係しない。主文と副文が照応しないのは、なぜであろうか。

もう一度主文に戻ってみると、第三項の主文に書かれた戸籍・計帳や班田は、律令制国家における公民制の支配理念である。前節でみたように、改新時に東国・諸国に遣わした使者の主要任務は、戸口調査と校田であった。ここから考えると、この任務と関係する事項を、律令法の理念で潤色した可能性が強い。つまり実際は第三項の主文は、副文の戸令為里条と田令田長条とに関連した項目だったのではなかろうか。前者は五十戸を単位とする制度であり、後者は田地面積の代の単位である。

ところが、(7)にはもう一つ重要な問題がある。田租に関わる規定が存在したかどうか、の問題である。古代の租税(公租公課)には、「租庸調」がある。これらは、手本とした唐令では賦役令に含まれている。そのうち、「租」は中国では「丁租」といい、成人男子に課税される。しかし、日本では「田租」といい、口分田などの田地保有者が貢納する。日本の田制は、古くは一束の収穫のある田地が一代の単位で、その収穫から初穂を神(事実としては共同体首長)に貢納する習慣があった。そのため古い時期から、田地保有者が租を負担するしきたりであった。つまり、元から「田租」の原型が存在していたと思われる。

「田租」が、浄御原令に存在していたことはまちがいない。問題は、改新の原詔に存在したかどうかである。改新詔以外にも、浄御原令以前の『書紀』の記述に、「凡田、長卅歩為段。十段為町。〈段租稲一束半、町租稲十五束〉」(白雉三年正月条)とあり、田租を規定した記事がある。注記の段・町の租稲は、改新詔と大宝令の規定とは異なっており、慶雲三年九月一〇日格が記す改定方針の「段租一束五把。町租一十五束」の影響を受けている。

いずれにせよ町段歩制は大宝令からであり、これらの記述は潤色をうけている。町段歩を除いた田租の規定が、改新詔ないし白雉三年正月条にあったかどうかは不明である。しかし、列島では田租の捉え方は古くからあり、第四項には「田調」もある。改新詔に田租規定を認めるのも一案であろう。いずれにせよ、現在のところ確証はない。

主文と副文　第四項

最後の第四項は、主文が「其の四に曰はく、旧《もと》の賦役《えつき》を罷《や》めて、田《た》の調《みつき》を行へ」という具体的な指示項目である。そのため第四項には主文が存在せず、副文(凡条)だけだという考え方も出されている(井上光貞『日本古代国家の研究』)。ただし、「其の四に曰はく」という文章構造からみれば、少なくとも『書紀』編者は主文として扱ったと思われる。副文⑿には、「旧《もと》の三十戸毎に一人せしを改めて、(略)五十戸毎に一人を(略)以て諸司《つかさつかさ》に充てよ」という構文もあり、第四項の副文はどれも元は主文として箇条書きであった可能性もある。

［第四項］

(8)凡そ絹《かとり》・絁《ふとぎぬ》・糸《いと》・綿《わた》は、並《ならび》に郷土《くに》の出《いだ》せるに随《したが》へ。田一町《ひとところ》に絹《かとり》一丈《つえ》、四町にして匹《むら》を成《な》す。長さ四丈、広さ二尺半。絁二丈、二町にして匹《むら》を成す。長さ広さ絹に同じ。布《ぬの》四丈、長さ広さ絹・絁に同じ。一町にして端《むら》を成す。〈糸・綿《わた》の絇《め》屯《みせ》をば、諸《もろもろ》の処《ところ》に見ず〉

別《こと》に戸別《へごと》の調《みつき》を収《と》れ。一戸に貲布《さよみのぬの》一丈二尺。

⑼凡そ調《みつき》の副物《そわりつもの》の塩《しお》と贄《にえ》とは、また郷土《くに》の出《いだ》せるに随《したが》へ。

⑽凡そ官馬《つかさうま》は、中《なかのしな》の馬《うま》は一百戸毎《ごと》に一匹を輸《いた》せ。若《も》し細馬《よきうま》ならば二百戸毎に一匹を輸せ。其の馬買はむ直《あたい》は、一戸に布一丈二尺。

⑾凡そ兵《つわもの》は、人《ひと》の身《み》ごとに刀《たち》・甲《よろい》・弓《ゆみ》・矢《や》・幡《はた》・鼓《つづみ》を輸《いた》せ。

⑿凡そ仕丁《つかえのよほろ》は、旧《もと》の三十戸毎に一人せしを改めて、〈一人を以て廝《くりや》に充《あ》つ〉。五十戸毎に一人を、〈一人を以《も》て廝に充つ〉。以て諸司《つかさつかさ》に充てよ。五十戸を以て、仕丁一人が粮《かて》に充てよ。一戸に庸《ちからしろのぬの》布一丈二尺、庸《ちからしろのこめ》米五斗。

⒀凡そ采女《うねめ》は、郡《こおり》の少領《すけのみやつこ》より以上の姉妹《いろも》、及び子女《むすめ》の形容《かお》端正《きらぎら》しき者を貢《たてまつ》れ。〈従丁《ともよほろ》一人、従女《ともめわらわ》二人〉。一百戸を以て、采女一人が粮《かて》に充てよ。庸《ちからしろのぬの》布・庸《ちからしろのこめ》米、皆仕丁《つかえのよほろ》に准《なぞら》へ。

さて、主文の指示に直接対応するのは、副文⑻である。ここには、田調のほか戸別の調の規定がある。そして、⑼に「調の副物」の規定がある。「調」が田調と関係するとすれば、「副物」であるので、間接的に⑻と結びつく。対応する律令条文は、賦役令調絹絁《ちょうけんし》条であるが、

「丁(二一〜六〇歳)」「次丁(六一〜六五歳)」「中男(一七〜二〇歳)」に対する人別の課税であり、田調や戸別の調ではない。調関連の条文という、広い意味での共通性がある。調絹絁条には「調副物」の規定があり、(9)と関係する。大宝令にも「副物」の語句はあり、「塩」も可能性がある。「贄」の語は大宝律には存在するが、調絹絁条では関連史料がないため不明である。

これ以外の(10)の「官馬」、(11)の「兵」、(12)の「仕丁」、(13)の「采女」は、「旧の賦役を罷め」た新たな租税である可能性はある。しかし、主文規定の「田調」とは直接には関係しない。むしろ(10)(12)(13)が戸および五十戸単位であることが注目される。

(10)は、第二項(4)の「駅馬・伝馬」という駅伝制に使われる馬(官馬)を提供する租税ということになる。五十戸を単位として、普通の馬であれば百戸につき一頭である。良馬(細馬)になれば、倍の二百戸となっている。いうまでもなく各地域が、馬の産地とは限らない。そのため売買による馬の入手を認め、一戸ごとの負担額を記している。これまでの研究では、この条文に対応する律令は、廐牧令廐細馬条である。しかし、確かに細馬・中馬の用語は共通しているが、改新詔が細馬・中馬の貢進規定(租税)であるのに対し、律令法は中央における馬牛の飼育方法の規定である。令条の意図は、まったく違うといわねばなるまい。したがって、(10)と比較できる律令条文は存在しない、というべきであろう。これは(11)の評価とも関係する。

⑾は、武器（兵）の負担に関する規定である。ここでの武器「刀・甲・弓・矢・幡・鼓」のうち、「刀・甲・弓・矢」は「東国国司の詔」⑴で収公の対象になっている武器（大化元年八月庚子条、四四頁）。「幡・鼓」については、六八五年に「大角・小角・鼓・吹・幡旗」などの軍事用具の私蔵を禁止し、郡家（実際は評の役所）に収めているという記事がある（『書紀』天武一四年一一月条）。つまり『書紀』においては、個人ないし集落で武器が所有されていることが想定されている。原詔にも書かれていた可能性がある。

⑾に対応する令条文は、軍防令備戎具《びじゅうぐ》条（兵士が備えるべき武器に関する規定）である。そこには「人毎に、弓《ゆみ》一張、弓弦袋《ゆんずるぶくろ》一口、副弦《そえつる》二条、征箭《そや》五十隻、胡籙《やなぐい》一具、大刀《たち》一口、刀子《かたな》一枚、（略）皆自ら備へしめよ」とあり、指揮用の軍事用具は除かれている。しかし、改新詔の武器の負担と、令条文が定める兵士の自弁では、そもそも趣旨が異なっている。

⑿は仕丁、⒀は采女の規定である。律令では⑿は賦役令仕丁条、⒀は後宮職員令氏女采女条が対応する。大宝令にもほぼ同文がある。この二条で問題となるのは、「庸布・庸米」の規定である。既述したように、大宝令以前の木簡に「庸」の語は見つかっていない。「庸」の字は、大宝令による潤色の可能性が強い（五六頁）。おそらく原詔には、仕丁と采女の規定と徴収単位とが記されていただろう。

原詔の想定と潤色の意図

これまでの検討結果から、大宝令による潤色を除き、改新詔で規定された項目をふたたび整理してみる。

その方法論は、改新詔の原詔に規定された項目を、副文との関係で捉えかえそうとするもので、まとめると次のようになる。副文が大宝令の条文と同じ場合は、原詔の主文でも確かに引用されている大宝令条文と同様の趣旨が規定されていた。一方、副文に引用されている大宝令文と主文が原理・規模を異にする場合は、原詔には副文の趣旨が述べられていた。そして、大宝令に対応する条文がない場合も、副文の趣旨が原詔に存在した可能性が高いと思われる。そこから考えると、

［第一項］「子代の民・処々の屯倉」と「部曲の民・処々の田荘」を廃止して、後に「食封」「布帛」と呼ばれるような禄を支給する。（公民制の創出）

［第二項］京、畿内国司、郡司、駅馬・伝馬の設置と鈴契の支給。（京・畿内国・郡〈評〉の設置と交通路の整備）

［第三項］ 五十戸制の採用と、代制の設定。田租収取の可能性がある。（戸口調査と校田に備える）
［第四項］ 田調、調副物、官馬徴発、武器の負担、仕丁・采女の徴発。

となる。一見してわかるように、国家のかたちを決める官司機構の設置は規定されていない。統治対象としての地域行政組織の設置と、租税（公租公課）の基準設定である。

ここで先ほどの疑問に戻ろう。かつて改新詔の原詔は和文で書かれており、正式な命令文章である漢文に改訂した際に大宝令を利用したと考えられていた。しかし、七世紀半ばでは日本語の文章で書くことは難しく、原詔は漢文で書かれていた。そのため、潤色した理由は別の意図から発している。そこで注目されるのが、明らかに大宝令で潤色された「郡」「町段歩」の文字である。

当時の表記では、「郡」が同じ読みの「評」、「町段歩」は「代」であった可能性が高い。「評」「代」という表記に共通する特徴は、『書紀』編纂時の日本（改新時は倭国）が「蕃国（朝貢国）」として扱っていた半島諸国の行政・面積単位だということである。蕃国の単位名称を使用することは小帝国としては好ましくない。そのため、蕃国の用字を避けたのであろう。

しかも、新しく用いられた「郡」「町段歩」の単位は、当時の唐でも使われておらず、倭国が独自の小帝国としての面目を強調したものである。とりわけ「国・郡」は、中国の古典的な時代と思われる前漢の単位である。このように、潤色の理由は詔にみられる「評」や「代」など、蕃国の制度に基づく単位名称を抹消し、大唐帝国と比肩できるような法治国家の始原として、改新詔を提示することにあったと考えられる。

4 「公民」の創出

部民と部民制の否定

繰り返しになるが、改新詔第一項の趣旨は、「子代の民・処々の屯倉」と「部曲の民・処々の田荘」の廃止である。廃止だけなら、それまでの所有者が反対・抵抗することが起こるので、改革は進まない。そのため、部民の廃止と引き換えに、従来の所有者には「食封」と「布帛」を支給することにしている。いわば「収公」と「支給」が組合せになっている。その所有者とは「臣・連・伴造・国造・村首」とあるように、中央だけではなく地方の在地首長を含んでいる。

ここで廃止対象となるのは、「子代の民」と「部曲の民」と呼ばれる部民である。この部民制を否定し、あらたに公民制を創出して、国家的支配を実施しようとするのが、改新詔の眼目である。

さて、廃止対象となった部民制とは、どのようなものだったのだろうか。最初に、大化前代の部民制について考えてみたい。大化前代の部民とは、山部《やまべ》・忌部《いみべ》・蘇我部《そがべ》など「部」の名称がつく人間集団で、その支配のしくみを部民制という。

現在のところ、「部」が使われた最古の史料は島根県松江市の岡田山一号墳の鉄剣銘「額田部臣」である。名代・子代にあたる「額田部」と、「臣《おみ》」というカバネ(姓)が記されている。この古墳は前方後方墳で、六世紀半ばから後半の築造とされる。したがって、部やカバネは六世紀前半の欽明朝には成立していたと思われる。

このような部を分類すれば、基本的には次の三種類にわけることができる。

(1)王や王族に仕えまつる名代《なしろ》・子代《こしろ》(白髪部《しらかべ》・穴穂部《あなほべ》・小長谷部《おはつせべ》など)
(2)ヤマト王権を維持するための社会的分業を担当する「職業部」(山部・海部《あまべ》・忌部など)
(3)王権を構成する豪族が所有する部曲《ぶきょく》(蘇我部・中臣部・巨勢部《こせべ》など)

である。それぞれヤマト王権を構成する職能集団として、部民制は社会的分業の一翼を担っていた。この三種の部を具体的に説明すると、次のようになる。

⑴の名代・子代(両者に本質的な区別はない)は、后妃(キサキ)や王子を資養する部を含み、王宮・王子宮・キサキの宮の維持に関係する。たとえば、「天皇《すめらみこと》(清寧《せいねい》天皇)、子無《みこな》きことを恨《うら》みたまひて、すなはち大伴室屋大連《おおとものむろやのおおむらじ》を諸国《くにぐに》に遣して、白髪《しらか》部舎人《べのとねり》・白髪部膳夫《かしわで》・白髪部靫負《ゆげい》を置《お》く」(『書紀』清寧二年二月条)というように記されている。各地に白髪部という「べ(部)」の集団を設定し、舎人・膳夫・靫負という職務を担う「トモ(伴)」を王宮(王子宮等を含める)に出仕させ、そのトモを資養する諸物資を供出させることになる。

このうち舎人は、王宮などで雑務に従事するとともに、王・王子を護衛する。膳夫は王宮の食事をまかない、また靫負は、靫《ゆき》(背中に弓矢を入れる武具)を背負って王・王宮を警備する。つまり、中央にいる伴造(トモノミヤツコ)の白髪部氏が、地域の伴造(べ集団の管轄者)の白髪部氏を介し、各地に存在する白髪部(べ)を管理するシステムである。

⑵の場合、典型的には職能を氏の名に負った「名負いの氏」である。たとえば中臣は、「神と人(君)との中を執り持つ」という「中臣」を氏名にすることで、祭祀の職務を分担すること

になる。

(3)の部曲は、蘇我部は蘇我氏、中臣部は中臣氏に従属するように、各豪族に隷属する集団の「べ」である。それぞれ蘇我氏や中臣氏が活動できるように、設定されたべから、トモを仕えさせたり、モノを奉らせたりするわけである。

この部民制の前身は、五世紀における「杖刀人《じょうとうにん》」(埼玉県行田市の稲荷山《いなりやま》古墳出土金錯銘《きんさくめい》鉄剣)や、「典曹人《てんそうにん》」(熊本県の江田船山《えたふなやま》古墳出土銀錯銘大刀)などの人制《ひとせい》である。ヤマト王権は人制という職能集団を組織して、必要な社会的分業組織を編成していた。この人制が、百済などの朝鮮諸国の部制の影響を受け、列島では部民制として新たに編成されたことになる(吉村武彦『ヤマト王権』)。

大化前代の氏と群臣

このように大化前代の部民制は、中央の伴造が地域の在地首長である伴造を介して、部(べ)を管轄する制度であった。たとえば大伴の場合、中央の大伴連《むらじ》氏(後に朝臣《あそみ》)が、地方の大伴連・大伴氏を介して、在地の大伴や大伴部を支配する。こうした中央―地方レベルの大伴氏を序列化して、氏の秩序を表示するのがカバネ(姓)となる。大伴は、(2)の「職業部」を管理する典型的な氏族。トモ（伴）という呼び方は、中央に出仕してヤマト王権に仕え奉る（ツカヘマツル）ことが主務であり、トモは国王に仕え奉る（仕奉《しぶ》という）ことが基本的な職掌である。

一方の物部連氏も、地域の伴造を介して物部の部民を管轄する。この場合、物部の「モノ（物）」は、精霊・霊魂などを意味する物（魂）と考えられており、武器などの物資を奉る（タテマツル、貢納）。したがって、職掌としては軍事・警察・検察や刑罰、そして神事をつかさどることになる。この大伴・物部氏のように、職掌を氏名に負って王権に仕奉するのが、連系の名負いの氏である。

一方、平群《へぐり》・巨勢・蘇我氏のように、地名を氏名とする臣《おみ》系の氏族が存在する。地名を名のることによって、その地域を支配・統治する職掌を通じ、王権に仕奉することが求められている。このようにヤマト王権は、連系・臣系の氏を介して、版図を統治していた。臣系氏族の最高執政官が大臣、連系の最高執政官が大連となった。

これらが『日本書紀』の宣命《せんみょう》に「臣・連・伴造・国造」とみえる「臣・連・伴造」である。氏《うじ》は、王権から賜与された氏の名に表される「職掌」によって、氏の名を名のるかぎり、王に仕奉するという人格的依存関係で結ばれていた。こうした特徴は、大伴家持の「族《やから》を喩《さと》しし歌」に特徴的にあらわれる。「空言《むなこと》も（嘘にも）　祖《おや》の名絶《た》つな　大伴《おほとも》の　氏《うぢ》と名に負《お》へる　ま

表1-1　屯倉への指示・命令系統

主管者	運搬担当者	穀を運び出す屯倉
宣化天皇	阿蘇仍君	河内国茨田郡の屯倉
蘇我大臣稲目	尾張連	尾張国屯倉
物部大連麁鹿火	新家連	河内国志紀郡の新家屯倉(黛説)
阿倍臣(大夫)	伊賀臣	伊賀国屯倉

すらをの伴《とも》」と歌われる(『万葉集』四四六五)。大伴を氏の名として名のる以上、大伴の名にふさわしい職務を勤めねばならなかった。

こうした大臣・大連の支配のしくみについて、筑紫の那津官家《なのつのみやけ》(外交施設)を建設し、各地の屯倉から稲穀《とうこく》を運搬させた例(『書紀』宣化元年五月条)から考えてみよう。本来、各地の屯倉は天皇の管轄下にあるので、屯倉の穀を運搬する指示・命令系統の長は、天皇であるはずである。しかし、宣化元年条では、群臣の大臣・大連・大夫が命じて運ばせている。これは、各屯倉に対する群臣の影響力を示したものであり、必ずしも天皇の支配権が及んでいなかったことがわかる(黛弘道『律令国家成立史の研究』)。各屯倉への指示・命令系統は表1-1のようになっている。

注目すべきは、主管者が天皇とはかぎらない事実である。大化前代といえども、天皇中心の政治体制であれば、宣化が主管者として命令しておかしくない。しかし、表で明らかなように、主管者は天皇のほか大臣・大連・大夫である。彼らに運搬を管理させたのは、各氏族と運搬担当者・屯倉との密接な関係を推測させる。つまり天皇のヘゲモニーというより、朝廷全体の利害をもとに実現させたことになる（黛弘道説）。これが、宣化朝における屯倉支配の実態である。

運搬担当者は、茨田《まんだ》の屯倉を除いて、尾張連―尾張の屯倉、新家連《にいのみ》―新家の屯倉、伊賀臣―伊賀の屯倉というように、地域において屯倉を管理する在地首長であろう。こうした在地首長が、特定の群臣と結びついていたことになる。なお、茨田の屯倉と阿蘇仍君との関係は不明であるが、宣化の父継体天皇は茨田連小望《おもち》の娘関媛《せきひめ》と結婚して三人の娘を生んでいる。宣化と茨田の屯倉の関係を推測することが可能で、阿蘇君氏に命じたものだろう（吉村武彦『蘇我氏の古代』）。群臣の力は、大きいものがある。

改新詔の第一項で、「子代の民」と「屯倉」の廃止が唱えられているが、ここに屯倉を廃止する理由の一端を理解することができる。天皇に権力を集中するという目的のためには、群臣の権力基盤を天皇の元にとりもどす必要があったのである。

群臣によるヤマト王権の支配体制も変化していく。五四〇年（欽明元）における大連の大伴金村《かなむら》の失脚を経て、五八七年（用明二）には大連の物部守屋が倒される。こうした経緯で大連がいなくなり、大連・大臣制が崩れていった。そして、蘇我氏だけが大臣として群臣のトップに立つ体制となっていた。

こうした群臣と氏の支配体制は、官僚制支配と無関係なシステムである。改新時の権力集中化において、旧来の縦割り支配の矛盾を解消することは、必須の課題になっていたのである。

公民化への施策

さて、部民制廃止の具体的段取りは、⑴大化二年(六四六)三月壬午条における「皇太子(中大兄)奏状」と、⑵大化二年八月癸酉条の「品部《しなべ》廃止詔」と⑶大化三年四月壬午条の「続品部廃止詔」によって実施された。

⑴では孝徳天皇の諮問を受け、中大兄が領有する「入部《いりべ》五百二十四口・屯倉《みやけ》一百八十一所」の献上を申し出た。まず問題となるのは、「五百二十四口・一百八十一所」の数値がもつ具体的な意味である。返還の趣旨に「天《あめ》に双《ふた》つの日《ひ》無し。国に二《ふたり》の王《きみ》無し。是の故《ゆえ》に、天下《あめのした》を兼《か》ね幷《あわ》せて、万民《おおみたから》を使《つか》ひたまふべきところは、唯天皇《ただすめらみこと》ならくのみ」とあるので、中大兄が領有する屯倉・入部の全返還が想定される。

ところが、奏状文に「仕丁《つかえのよほろ》に簡《えら》び充《あ》てむこと、前《さき》の処分《ことわり》に従《したが》はむ」とある。そのため「前の処分」が改新詔を指すとする見解がある。仕丁の徴発単位が、三十戸から五十戸に改定された処分を意味するとすれば、中大兄側に多数の入部・屯倉が残る計算となる(鎌田元一「七世紀の日本列島」、森公章「民官と部民制」)。なぜなら、それまで三十戸から入部一口を提供していたとすれば、それが五十戸単位となると、中大兄には「入部七九六口、屯倉二七二所」が残ることになるという。まだ大きな数値である。

しかし、この考え方には盲点がある。これは、改新詔副文⑿にみえる「凡《おおよ》そ仕丁《つかえのよほろ》は、旧《もと》の三十戸毎に一人せしを改めて、〈一人を以《も》て廝《くりや》に充《あ》つ〉。五十戸毎に一人を、〈一人を以て廝に充つ〉。以て諸司《つかさつかさ》に充てよ」の部分が、「原詔」に存在したことが前提となっている。しかもこの副文は、三十戸ないし五十戸ごとに仕丁一人を充てて、一人を「廝(くりや。食事の準備に従事する人)」にあてれば、仕丁はゼロになるような矛盾した条文である。ただし、仕丁一人とは別に「廝一人」を徴発するという解釈もある。いずれにせよ、これらの文章が改新原詔にあったとして、議論が立てられている。

原詔に仕丁規定があったこと、また五十戸単位であったこともまちがいない。しかし、三十戸から五十戸への変更規定が存在したことを示す、客観的証拠は存在しない。「皇太子奏状」による返還趣旨からいえば、中大兄が領有したすべての「入部五百二十四口・屯倉一百八十一所」の返還と解釈することも可能であろう。このような史料解釈しかできないので、明確に意味づけることができないのである。

さらに、(2)で臣・連・伴造・国造所有の部の返還を求めることになる。この詔に「ここに、今《いま》の御寓天皇《あめのしたしらすすめらみこと》(孝徳)より始めて、臣《おみ》・連等《むらじたち》に及《いた》るまでに、所有《たもて》る品部《しなじなのとものお》は、悉《ことごとく》に皆罷《や》めて、国家《おおやけ》の民《おおみたから》とすべし」とある。孝徳天皇以下の臣・連、そして伴造・国造(「等」の字により、伴造・国造の省略がわかる)が領有する品部(色々な種類の部)を廃止して、「国家の民」とすることを命じている。「国家の民」とすることは、すなわち公民化への施策である。そして、(3)で公民化の施行を促しているのである。

公民化と五十戸制

さて、こうした公民化政策のなかで、五十戸制(後の里制)が実施されていく。その結果、地域ではどのような変化が起こっていくのか。本章の最後に、地域の問題を考える次章の先駆けとして、五十戸の単位に名づけられた名称から考えてみたい。大化前代の部民の設定は、国造などの在地首長のもとで、地域集団の一部が部として設置される。たとえば「穴穂部」を例に取りあげてみよう。

『日本書紀』では、雄略紀に「詔《みことのり》して穴穂《あなほ》部《べ》を置《お》きたまふ」(雄略一九年三月条)と記されている。穴穂部は、穴穂天皇(安康天皇)の王宮・石上《いそのかみ》穴穂宮に基づく名代である。ただし、五世紀前半にはまだ部民の制度はなく、後に名代と呼ばれる制度と関係していたのだろう。部の制度が成立して、穴穂部と呼ばれるようになった。中央に穴穂部 造《みやつこ》(六八三年〈天武一二〉に「連」に改姓)が伴造として存在し、地域の穴穂部首《おびと》を通じて穴穂部集団を管理したものと思われる。

穴穂部は、下総《しもうさ》国葛飾《かつしか》郡大島郷の養老五年(七二一)戸籍には「孔王部《あなほべ》」とも書かれる。大島郷戸籍の大半が孔王部を名のる。この地域一帯が、後の孔王部(穴穂部)という部に指定された結果であろう。ところでなぜ、名前に「王」の字が含まれるのであろうか。実は、(3)の詔に「拙弱《つたな》き臣《おみ》・連《むらじ》・伴造《とものみやつこ》・国造《くにのみやつこ》、彼《そ》の姓《うじ》となれる神の名《みな》・王《きみ》の名《みな》を以《も》て、自《おの》が心の帰《よ》る所に遂《したが》ひて、妄《みだり》に前前《ひとひと》(人々のこと)処 処《ところどころ》に付《つ》けたり」とある。このように王の名が人々の名に用いられることが、「清き名を穢《け》汚《が》す」といわれた。「王」の字を表記することが穢れにつながるという(森公章『古代豪族と武士の誕生』)。孔王部もそうした例の一つかもしれない。

ところで、このような五十戸ないし里は、どのような名称をもつのであろうか。年紀が明らかな七世紀における五十戸(里)表記の木簡をあげれば、表1-2のようになる。木簡は同時代史料なので、編纂物ではなく潤色の可能性はほとんどない。また、年紀は書かれていないが、六四九年(大化五)から六六四年(天智三)の間に作られた木簡に「白髪部五十戸」、さらに前期難波宮(第二章)と関係する木簡に前述の「玉作五十戸」がある。前者は白髪部、後者は玉作(部)

表 1-2　五十戸(里)表記のある紀年銘木簡

西暦	干　支	年　号	木簡の五十戸(里)表記
665	乙丑年	天智 4	三野国ム下評大山五十戸
675	乙亥年	天武 4	知利布五十戸
677	丁丑年	天武 6	三野国加尓評久々利五十戸
677	丁丑年	天武 6	三野国刀支評恵奈五十戸
678	戊寅年	天武 7	汙富五十戸
678	戊寅年	天武 7	尾張海評津嶋五十戸
678	戊寅年	天武 7	高井五[　　]
679	己卯年	天武 8	□□五十戸
680	庚辰年	天武 9	三野大野評大田五十戸
681	辛巳年	天武 10	柴江五十戸
681	辛巳年	天武 10	鴨評加毛五十戸
681	辛巳年	天武 10	物部五十戸
683	癸未年	天武 12	三野大野評阿漏里
684	甲申年	天武 13	三野大野評堤野里
685	乙酉年	天武 14	三野国不□評新野見里
686	丙戌年	朱鳥元	大市部五十戸
687	丁亥年	持統元	若佐小丹評木津部五十戸
688	戊子年	持統 2	三野国加毛評度里
690	庚寅年	持統 4	三川国鴨評山田里
691	辛卯年	持統 5	尾治国知多評入見里
691	辛卯年	持統 5	新井里
692	壬辰年	持統 6	三川国鴨□高椅里
692	壬辰年	持統 6	万枯里
694	甲午年	持統 8	知田評阿具比里
695	乙未年	持統 9	木津里
695	乙未年	持統 9	入野里
696	丙申年	持統 10	三野国山方評大桑里
697	丁酉年	文武元	若俠国小丹生評岡田里
697	丁酉年	文武元	若佐国小丹[　　]生里
697	丁酉年	文武元	[　　]評野里
698	戊戌年	文武 2	三野国厚見評□□里
698	戊戌年	文武 2	若俠国小丹生評岡方里
698	戊戌年	文武 2	波伯吉国川村評久豆賀里
699	己亥年	文武 3	三野国各牟□汙奴麻里
699	己亥年	文武 3	吉備中[　　]評軽部里
699	己亥年	文武 3	上捄国阿波評松里
699	己亥年	文武 3	若佐国小丹生…三分里
699	己亥年	文武 3	玉杵里
699	己亥年	文武 3	二方評波多里
699	己亥年	文武 3	渕評竹田里
700	庚子年	文武 4	若佐国小丹生評木ツ里

と関係する名称である。地域全体が特定の＊＊部に設定されて、＊＊部五十戸（里）と呼ばれた可能性が強い。

ところが、表を見ていただければわかるが、六六五年（天智四）の「大山五十戸」（後の美濃国武《む》芸《ぎ》郡大山郷）、六七五年（天武四）の「知利布《ちりふ》五十戸」（後の参河国碧海《あおみ》郡智立郷）などは、＊＊部の名称ではない。地名に基づく五十戸（里）名が、少なくないのである。こうした編年史料から、六六五年には領域的な五十戸編成が実施されていた可能性も指摘されている（市大樹『飛鳥藤原木簡の研究』）。ただし、部名と地名部（非部名）とは、必ずしも領域性を示すとはかぎらない。五十戸制は、本来、人間集団としての戸から編成されたのである。ところが、居住している地域名称を重視するように変化していったことになり、領域性への志向が読み取れることはまちがいなかろう。複数の部が設置されていた場合、地名で呼ぶことも起こりえたし、逆に代表的な部の名前を採用して＊＊部と呼称したとも考えられる。個々の検証が必要であろう。

本項でとりあげた下総国葛飾郡大島郷の場合、郷（元は里）の名称は「孔王」ではなく、「大島」である。大島は、河川に挟まれた地名の可能性が高いが、この場合も地名が優先されたのである。全体として、五十戸（里）制は地域重視の方向性をもっていたとしていいだろう。

二　「諸国」を統べる新政権——京・畿内と「評制」

1　難波遷都と京・畿内・国

難波遷都と京

乙巳の変の半年後、六四五年（大化元）一二月に、改新政権は飛鳥の地から難波（後の摂津国）へ都を遷した。難波には、古くから難波津があり、交通上・外交上の要衝地であった。同時に、古い時代から行なわれていた歴代遷宮（天皇が代替わりするごとに宮を遷す慣習）のかたちを継承しながら、旧来の地域から離れて、新しい政治を行なうとしたのである。

『古事記』の各天皇段冒頭には、「（推古が）小治田宮《おはりだの》に坐《いま》しまして、天下を治《し》らしめすこと」のような一文があることからもわかるように、王宮をどこに構えて天下を支配するかは、政権にとって最重要の課題であった。孝徳の場合、遷都の記述は「天皇、都を難波長柄豊碕《なにわのながらのとよさき》に遷《うつ》す」（『書紀』大化元年一二月癸卯条）とあり、宮名は「難波長柄豊碕宮」（以下、難波宮）となる。しかし、難波宮が完成するのは六五二年（白雉三）で、孝徳即位の七年後であり、完成までは大《おお》郡宮《ごおりのみや》（元は、外交用施設である難波大郡）・小郡宮《おごおりのみや》（元は内政用の施設の難波小郡か）などの場所を使っていた。難波宮は、今日「前期難波宮」と呼ばれている遺跡（現、大阪市中央区）であるこ

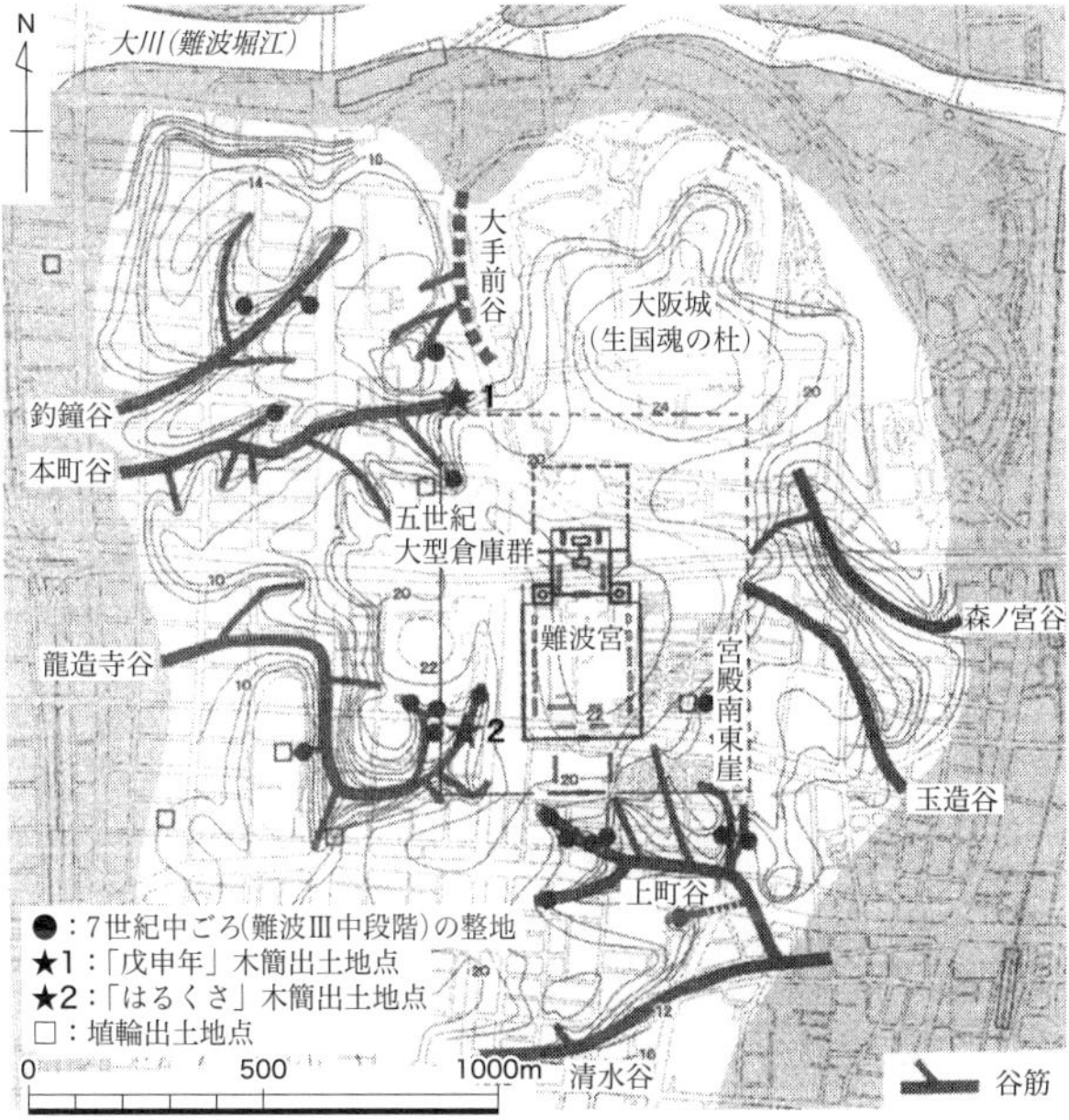

図2-1　上町台地の遺跡と前期難波宮の立地

とがわかっている(図2-1)。

前章で見たように、改新詔第二項に定められた列島の行政区画は「京・畿内国・郡」である。このうち「京」とは、簡単にいえば、中心たる王宮の周囲に造られた、王宮に勤務する官人や百姓の居住区である。遷都に関する進め方や実際の手順については、律令法には規定がない。しかし、都を飛鳥から難波に遷すのであるから、群臣らの官人も住居を移動せざるをえない。京を定めた改新詔の第二項は、時宜にかなった施策であったとみなせよう。文献には記されていない「京」のありようについて、とくに官人らの住居は考古学による発掘調査の結果によって、考察しなければならない。

読者の皆さんは、「条坊制《じょうぼう》」という言葉を聞いたことがあるだろうか。都城《とじょう》において大路《おおじ》に囲まれた区画を「坊」というが、東西方向に向かう坊の列を「条」、南北方向に向かう列を「坊」と呼ぶ。碁盤目状の区画である。後の藤原京・平城京などではこうした条坊制が実現された。

現在の発掘調査の成果によれば、七世紀半ばの難波宮に条坊制が整った京があった可能性はない。ただし、前期難波宮遺跡の南方に孝徳朝の時期とみられる建物群が見つかっている。なかには北の正方位を向く建物もあり、難波宮調査の専門家・積山洋さんは、難波遷都にあたって王宮と「京域」が同時に計画されたと考え、これらの建物群を含めた京を「初期難波京」と呼んでいる(『古代の都城と東アジア』)。

これを「京」と解釈するかどうかは、見解が分かれるだろう。考古学的にいって、孝徳朝の難波宮には、藤原京・平城京のような条坊制をともなう「京」は存在していない以上、「京」と規定しても、あくまで端緒的なレベルと考えざるをえない。しかしながら、大和から移った豪族らを一定の地域に集住させているので、その地域を「京域」と捉えることはできるだろう。

当時設置された一般の評(後の郡)とは異なったかたちで、設定された可能性はある。

律令法の母法である唐の京域では、都に住む家族である「京戸《きょうこ》」は周囲の県(長安県、万年県など)の管轄下にあった。しかし日本では、京戸は左・右京職《きょうしき》という京に置かれた官司に支配された。難波遷都という事情と、歴代遷宮という歴史的条件のもと、「京」の住民管理の独自の仕組みが、孝徳朝で端緒的に実施された可能性も皆無ではない。いずれにせよ、改新詔第二項にある「京」とは、このような規模しか想定できない、いまだ発展途上のものであった。

前期難波宮の特徴

難波宮は「其《そ》の宮殿《おおとの》の状《かたち》、ことごとくに論《い》ふべからず(言葉では説明し尽くせない)」(『書紀』白雉三年九月条)といわれるほど、荘厳なものであったという。その遺跡とされる前期難波宮の遺構をみても、改新期にこのような大規模で、前代の宮と隔絶した王宮がはたして必要かと思うほど、目を見張る造り方である。

そのため、最初はほんとうに孝徳朝に建設されたのかが論争になった。しかしその後の発掘調査と「戊申年」(六四八年、一八頁)の木簡出現により、現在では孝徳朝の遺跡であることは明らかである。

ここであらためて、宮の構造図を掲げておこう(図2-2)。なお、比較のために奈良時代前半の平城宮図と推古朝に営まれた小治田《おはりだ》宮概念図を載せておく。

図で明らかなように、前期難波宮では後の朝堂院《ちょうどういん》(官人が政務を行なう空間)と呼ばれる区画に、少なくとも東西七堂、計一四堂の建物が存在する。日本の都城史のなかで最大規模の堂数である。後の藤原宮や平城宮は一二堂であって、これほどの規模ではない。なぜこれだけ大規模なのだろうか。なお、遺構は掘立柱《ほったてばしら》建物で、瓦は葺《ふ》いておらず、当時としては従来型の建造物である。

最初に注目したいのは、「大極殿《だいごくでん》(天皇が政務をとる空間)」の位置である。平城宮では、大極殿は朝堂院と一体化して配置されており、朝堂院の正殿のような位置にある。ところが、前期難波宮では、「大極殿」と考えるべき空間が内裏《だいり》(天皇の居住空間)とつながっていて、まさに内裏の前殿のような形になっている。

央), 小治田宮概念図(右)

大極殿の名称は、厳密にいえば藤原宮からであり、前期難波宮の建物を「内裏前殿」と呼んでおこう。ここで、小治田宮の

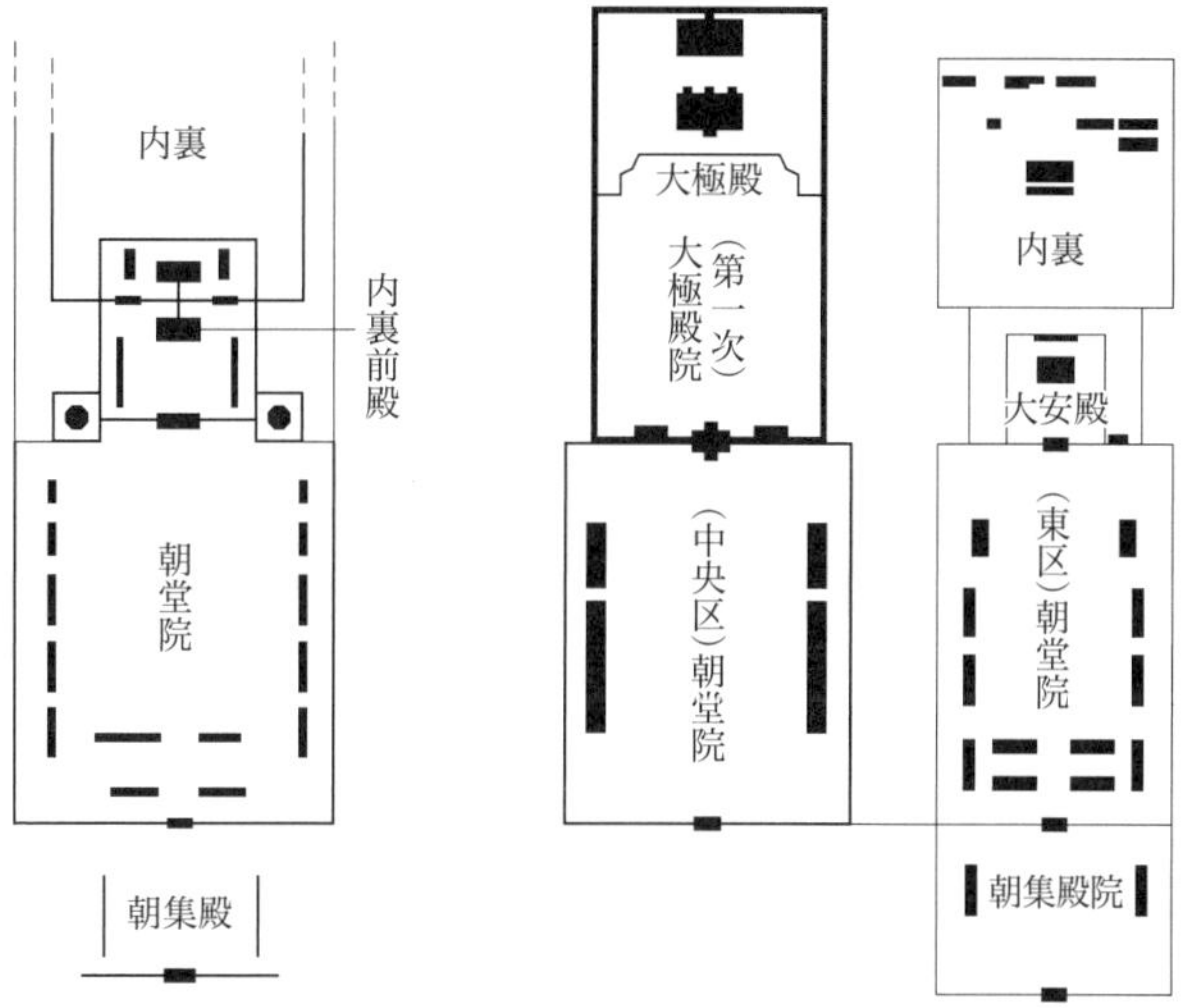

図2-2　前期難波宮遺構図(左)，平城宮(奈良時代前半)遺構図(中

概念図を見て欲しい。小治田宮では、大殿と庁・朝庭《ちょうてい》区域(後の朝堂院)とが、門(閤《こう》門《もん》)を境に隔たっている。この大殿が後の内裏区域にあたるが、その大殿が南北に分かれた形が前期難波宮の内裏前殿となっている。つまり天皇はこの時期、居住空間も直接結ばれた場でまだ政務・儀礼を行なっていたことになる。

建物配置とは、単なる物理的な構造設計の結果ではない。天皇が構えた王宮において、どのような政務を行なうのか、そのための建物配置をどうするのか、という問題である。たとえば奈良時代以降の律令制時代を例にとると、内裏は天皇の居住空間に限定され、そこで政務が行なわれることはなく、官司(役所)の規模によって官人(役人)の勤務の仕方が規定されている。これに対して前期難波宮の内裏前殿は、内裏と一体化した建物において、天皇が政務を執る態勢を象徴的に示している。改新政治は、宮の構造設計においても、天皇中心の政治を意図していたのだ。

なぜここまで巨大な規模の難波宮を建造したかということについては、研究者の間でもさまざまな意見が出されている。この時期の東国・諸国へ派遣した「国司(惣領)」が、任地の国造らを随伴して都に戻り、広大な朝庭において口頭伝達で政務・儀式を行なった、という事実から、難波遷都が、「(天皇の)隔絶した権威を視覚的に表現した空間」(熊谷公男『大王から天皇へ』)をつくりだすという意義をもった、という指摘もその一つである。

しかしそれだけではなく、飛鳥地域でそれまで行なわれていた政務のあり方の変化も、この宮の巨大化という事態には含まれている。飛鳥では、天皇は王宮、キサキ(后妃)・王子もそれぞれキサキ宮や王子宮、群臣は私邸を保有していた。そして、群臣なども必要に応じて政務を分掌していた。ところが、遷都後の難波ではこうした施設は整備されていない。つまり、天皇中心の政治を示現するためのものとして考えられた難波宮は、これらが統合された王宮であった可能性が高い。天皇の生活空間の内裏の南に、官衙《かんが》的な機能をもった建物群を配置したことは、新政権が皇子や群臣の職務を集約して配置したということだろう(林部均『古代宮都形成過程の研究』)。

あわせて言えば、関心を引くのは、東西に位置する八角形の建物(八角殿)である。この建物については、(1)王宮内の東楼・西楼、(2)朝庭への出入を知らす「鐘台《しょうだい》」的な建物、(3)仏教施設、(4)儒教思想に基づくという見方が提案されている。おそらく天皇中心の秩序・権威を示す舞台装置であろう(中尾芳治『難波宮の研究』)。日本のみならず、朝鮮・中国にもみられる特殊な建造物である。王宮と仏教思想との関連を想定する説が興味深いが、残念ながら建物の性格を明らかにできる材料に欠けている。

四至畿内と畿内国

京・宮について述べてきたので、次に「畿内」を取りあげたい。結論的にいえば、小郡宮では「礼法」が採用されているので(『書紀』大化三年是歳条、一八六頁)、礼制と関係が深い畿内制が孝徳朝に導入されても問題はない。最初に「畿内」の言葉が持つ意味を考えてみよう。

『日本書紀』では、崇神紀に「畿内」の語が見えるのが初見記事。「畿内《うちつくに》には事《こと》無し。唯《ただ》し海《わたの》外《ほか》の荒《あら》ぶる俗《ひとども》のみ、騒動《とよ》くこと未《いま》だ止《や》まず」(崇神一〇年一〇月条)という記事である。畿内(うちつくに)に対する海外(わたのほか。畿外のこと)という対比であるが、この時期における朝廷の支配領域をさす（日本古典文学大系本頭注）。ここでは、むしろ「はつくにしらすスメラミコト」と呼ばれる崇神天皇紀の記述であることに注目したい。なぜなら、崇神が「この国を初めて統治した」天皇であることの明示を意識した潤色の記事と考えられるからである。

次に『書紀』では、欽明朝の仏教伝来と関係して、百済の聖明《せいめい》王の文書のなかに「帝国《みかど》に伝《つた》へ奉《たてまつ》りて、畿内《うちつくに》に流通《あまねは》さむ（流布させる）」（欽明一三年一〇月条）のように使われている。「畿内」は「日本」のことという（同頭注）。こうした断片的な使用のあと、「畿内」の語が改新詔で用いられる。『書紀』では、これが事実上、行政的な「畿内」の初見である。こうした意味では、改新詔の「畿内」には重要な意味が与えられている。

「畿内」はもともと中国の用語であり、『周礼《しゅらい》』では、王宮の周囲千里四方を「王畿《おうき》」などと呼ぶ。日本史辞典では、「畿内の制は京師の周囲の一定範囲を区別して王畿・邦畿・京畿・都畿などと呼ぶ特別区域とした中国の周代以来の制に倣ったものとされてきたが、わが国の畿内は都の位置に関係なく、はじめからその境域は歴史的にほぼ確定していたようで、その後都が大津京など畿外に出ても変更される気配は全くなかった」（『国史大辞典』）とされる。天智天皇の時期には四畿内（後述）が成立していたと思われるが、大津宮（大津京の存在はまだ証明されていない）でも変更されなかったとはいえ、元は天皇が居住する特別区域であったことはまちがいない。

これまでの古代史学では、主に律令制国家の行政区画として畿内を理解することが多かった。しかし一方、考古学研究者が使用する「畿内」の用語があり、歴史学の用法とは異なって使われる。早くは邪馬台国時代についても「畿内」が地域名称として使われ、「邪馬台国畿内説」という用法もある。しかし邪馬台国時代に「畿内」地域が存在したとすれば、邪馬台国が畿内にあることは当然である。「畿内」は王権の中心を指す語であり、邪馬台国が倭国の盟主国である以上、その畿内に邪馬台国があるのは当然だからである。一般に、「邪馬台国畿内説」という時には、律令制の成立後に「畿内」として扱われた地域をイメージし、奈良を中心とする近畿地方を指すものとして用いられている。ただし、今日でも「九州」と対比される「畿内」という地名はなく、誤解を避けるためには「近畿」の地域名称の方がよい。厳密にいえば、近畿中央部である。

考古学における用法は、文化的ないし経済的に優位な地域としての「畿内」であり、これを「文化的畿内」と呼んでおきたい。歴史学でいう行政区画としての「畿内」については、「令制畿内」と呼んで区別したい。律令制国家の視点からいえば、この「令制畿内」が本来の畿内であり、「文化的畿内」はその前史に位置づけられる。このように、同じ「畿内」といっても、その意味する中味は違っている。

ここで、改新詔の畿内にもどって考えてみよう。この畿内は東南西北の四至が限られた畿内であり、「四至畿内」と呼ばれている（図2-3）。前にみたように各四至の境界は、『書紀』（大化二年正月条）によれば、

東　名墾《なばり》の横河《よこかわ》
南　紀伊《き》の兄山《せのやま》
西　赤石《あかし》の櫛淵《くしふち》
北　近江《おうみ》の狭狭《ささ》波《なみ》の合坂山《おうさかやま》

である。

この四至の地名表記には、潤色が加わっている。東の名墾は後の伊賀《いが》国（六八〇年〈天武九〉に建国）名張郡、西の赤石は播磨《はりま》国明石《あかし》郡であり、国が未成立の時期の地名と考えられるので、当時の表記であろう。しかし、近江は大宝令以降（以前は「淡海」「近淡海」）、紀伊は七一三年（和銅六）以降（以前は「紀、木」）の国名である。次項で検討するように、この時期には令制国は

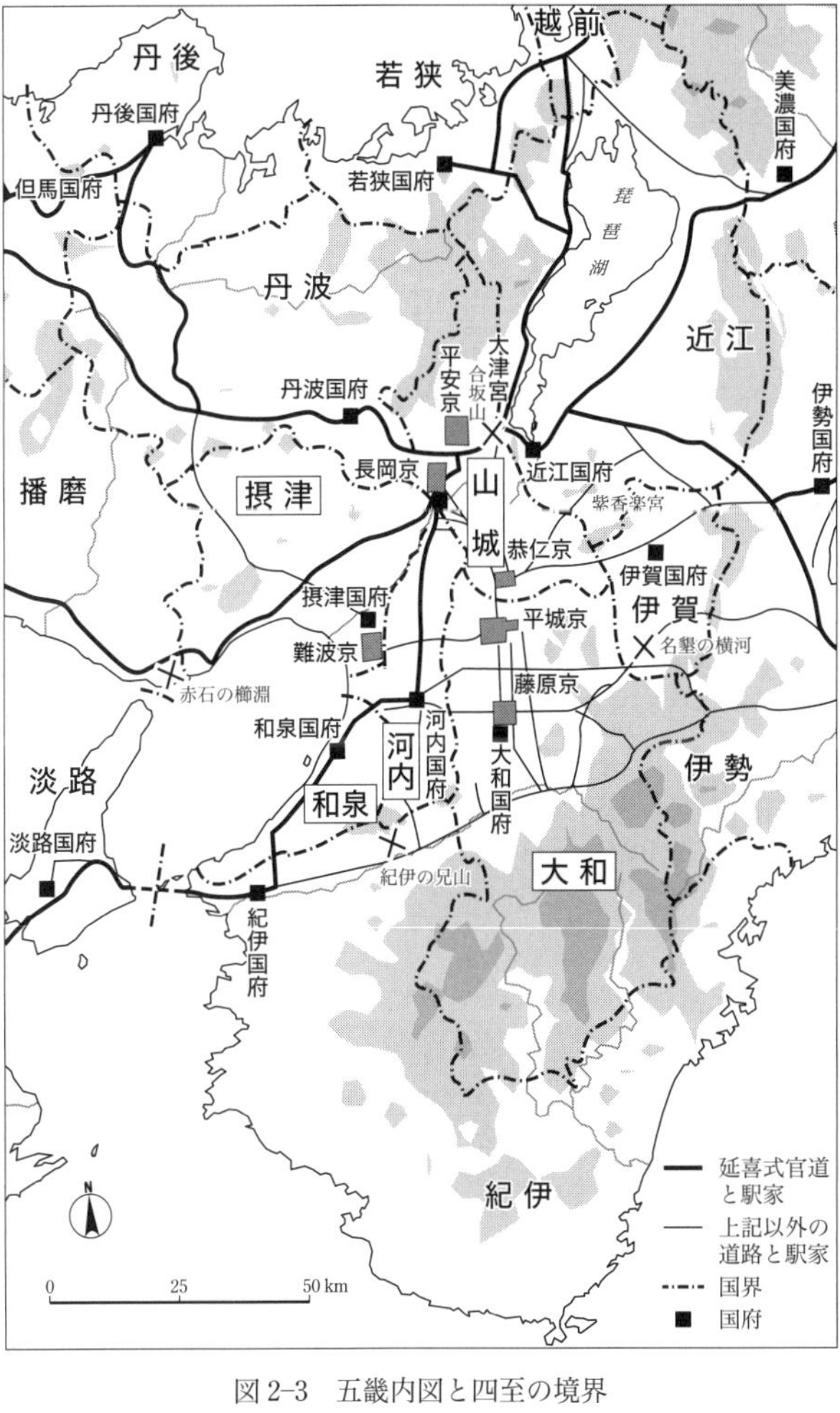

図 2-3　五畿内図と四至の境界

存在していないので、これは後の知識による潤色。このように東西と南北の四至の地名表記の時期が相違する。設定時期の差であろうか。

四至畿内は、ほぼ令制畿内の四畿内の範囲と一致するものの、今のところ、四か所の四至が設定された理由を十全に説明することはできない。たとえば難波宮からの交通路で解こうとすれば、難波から紀伊(後の南海道)に行く道路は、紀伊の兄山を通過することはなく、解釈が難しい。改新詔の畿内は、難波宮から四方に出る交通路を四至とする四至畿内ではない。四至の場所の意味については、今後の研究をまたねばならない。

このように、孝徳朝における四至畿内の設定そのものは、承認してさしつかえないだろう。しかしながら改新詔で行なわれたのはあくまで「畿内国」の設定にとどまり、税制面において優遇するような規定はなく、令制畿内とは異なっていた。

畿内の屯田と班田司

ところで、畿内は王宮の所在地であることを前提とすれば、天智天皇の大津宮の時期に畿内の範囲が変化しなかったことが理解できない。大津宮遷都には、白村江における大敗後、国内に朝鮮式山城が建設されたことと同様に、対外的危機が強く影響している。そのため、特別な状況として考える必要がある。

しかし、一般的には王宮の所在地ということ以外に、「畿内」には特別な意味あいも想定できる。その材料となる一つに、大和国（表記は倭国）の屯田《みた》がある。『書紀』仁徳即位前紀にある次の記述である。

対《こた》へて言《もう》さく、「伝《つて》に聞《うけたまわ》る、纏向玉城宮《まきむくのたまきのみや》御宇《あめのしたしらしし》天皇《すめらみこと》（垂仁《すいにん》天皇）の世《みよ》に、太子《ひつぎのみこ》大足《おおたらし》彦尊《ひこのみこと》に科《おお》せて、倭《やまと》の屯田《みた》を定めしむ。是《こ》の時《とき》に、勅旨《のたまうおおみこと》は、「凡《おおよ》そ倭の屯田は、毎《つね》に御宇《あめのしたしら》す帝皇《すめらみこと》の屯田なり。其れ帝皇《みかど》の子《みこ》と雖《いうと》も、御宇《あめのしたしら》すに非《あら》ずは、掌《つかさど》ること得じ」とのたまひき。（略）」とまうす。

つまり大和国に所在する屯田は、垂仁天皇の時に設置された天皇固有の田地とされていた。たとえ皇子であっても、天下を統治していない場合は管理することができない、という屯田である。

また、『令集解』田令置《ち》官田《かんでん》条によれば、「屯田」は大宝令でも屯田と呼ばれたが、養老令では「官田」と表記した。そして、大和・摂津に各三〇町、河内・山背に各二〇町が設置された。

このうち仁徳紀の屯田は、大和国の三〇町に継承されたものと思われる。大宝令の注釈書の「古記」には、「屯田《みた》。謂御田《みた》、供御造食料田耳」とあり、天皇の食料を生産する田地ということになる。令制下では、宮内省の田司《たのつかさ》(大宝令では屯司)が官田(屯田)を管理する(田令役丁《えきてい》条)。「大倭国《やまと》正税帳」によれば、残存している平群・十市・城下《しきのしも》・山辺・添上《そうのかみ》の五郡の記載のうち、十市・城下・添上郡に屯田がある。屯田が設置されたという垂仁天皇の纏向玉城宮《まきむくのたまき》は、後の志貴郡に所在する。王宮が所在する地域にも、屯田が存在したのである。なお、屯田所在の郡は、必ずしも倭国六県《むつのあがた》(『延喜式』では、高市・葛木・十市・志貴・山辺・曽布)とは一致しない。

　このように屯田(官田)は四畿内に設置され、王宮の所在地というだけではなく、天皇に食料を提供する田地所在の重要な場所であった。

なお、王権との関係が強い屯田とは異なるが、令制下の畿内には「畿内班田司《きないはんでんし》(厳密にいえば「京及畿内班田司」)」が派遣されていた。その先駆形態として六九二年(持統六)に四畿内に「班田大夫」が派遣されている。

　先述したように、六九四年の藤原遷都以降、「京」が設置され、京には「京戸(王・官人と百姓)」らが居住し、百姓は京職に支配された。しかし京内には口分田がなく、原則的には京外の畿内の国で班給された。畿内班田司は、この口分田の班給をはじめとし、位田《いでん》・職田《しきでん》・功《こう》田《でん》・賜田《しでん》等の収授に従事する。畿内班田司は、班田大夫の発展したかたちと思われるが、京戸成立以前では職務内容は異なるとみなければなるまい。それはともかく、畿内では口分田等の班給・収授は、畿外とは別の形態であり、また百姓も、賦役令調絹絁条に「京及び畿内」の特別規定があるように、特別扱いを受けていた。改新詔では明らかにできないが、改新時に畿内という区分が設定された以降のどこかの時期に、畿内の特別扱いが始まったのであろう。

孝徳朝に「国」は建てられたか

次に、武蔵国のような「国」の建国問題をとりあげよう。既述したように、改新詔第二項は「畿内国司・郡司」と読むべきである(五一頁)。研究者の一部に、「畿内・国司・郡司」と読む説もあるので、この説を少し検討したい。

まずは、「畿内」という特別行政区画と「国司・郡司」の官人が並列しているのが落ち着かない。しかもこの時期、「国司」の用語はなく(大宝令に規定)、仮にあるとすれば「東国国司」の場合のように「惣領」か「使者」である。現地に常駐する「国司(令制型国司)」ではなく、中央から地域に遣わされた使者の「惣領(使者型国司)」でしかない。原詔には「国司」の用語はなく、惣領などの職掌は「国司」とは異なっていた。

『書紀』には、なぜか「国」の設置記事は書かれていない。ところが、「常陸国風土記」には、孝徳朝に「惣領」のもとで「国」が設置されたとする記事がある。その記事を取りあげてみよう。「常陸国風土記」の総記に、

古《いにしえ》は、相模《さがむ》の国足柄《あしがら》の岳坂《やまさか》より東《ひむがし》の諸《もろもろ》の県《あがた》は、すべて我姫《あずま》の国と称《い》ひき。この当時《とき》、常陸《ひたち》と言はず。ただ、新治《にいばり》・筑波《つくは》・茨城《うばらき》・那賀《なか》・久慈《くじ》・多珂《たか》の国と称ひ、おのおのも、造《みやつこ》・別《わけ》を遣《つか》はして検校《おさ》めしめき。その後、難波《なにわ》の長柄《ながら》の豊前《とよさき》の大宮《おおみや》に臨軒《あめのしたしろ》しめしし天皇《すめらみこと》(孝徳天皇)のみ世に至り、高向臣《たかむこのおみ》・中臣幡織田連《なかとみのはとりだのむらじ》らを遣はして、坂《さか》より東《ひむがし》の国を惣《すべ》領《おさ》めしめき。時に、我姫《あずま》の道《みち》、分《わか》れて八《やつ》の国と為《な》り、常陸《ひたち》の国、その一《ひとつ》に居《お》れり。

とある。孝徳の時代、それまでは新治・筑波など国造の「国」しかなかったが、「惣領」の高向臣・中臣幡織田連らが遣わされて、「我姫の道(国)」(東国)から常陸国など八国が設置されたという。この総記では「惣領」は「すべおさむ」というように動詞で読むが、行方郡条に「惣《すべ》領高向《おさたかむこ》の大夫《まえつきみ》・中臣幡織田《なかとみのはとりだ》の大夫《まえつきみ》」とあり、惣領が官職名でもあったことがわかる。

この二人の大夫は、少なくとも「己酉年」(六四九年〈大化五〉、香島郡条)と「癸丑年」(六五三年〈白雉四〉、行方郡条)には現地にいたとされる。この四年間滞在したとすれば、令制型国司ということになるが、先述のように常駐型の国司はこの時期には存在しない。

「東国国司の詔」には「東方八道」とあり(『書紀』大化二年三月甲子条)、「東国を八つにわけた地域の「国司」の派遣先である(日本古典文学大系『日本書紀』頭注)。『書紀』には、東国に派遣された「国司」の長官が八名みられるが、「惣領」とされた高向臣・中臣幡織田連の名は記されていない。高向臣・中臣幡織田連は、違った任務で東国に遣わされたとも推測されるが、矛盾した記述とも考えられる。この場合、何か後世の事実が混入した可能性が高い。

しかも、「常陸国風土記」の八国は「相模・武蔵・上総・下総・上野・下野・常陸・陸奥」である(日本古典文学大系『風土記』頭注)。ところが改新詔と同時期の「東国国司の詔」の東国の範囲は、尾張・美濃ないし遠江・信濃以東の東海道・東山道であり(四四頁)、この範囲と大きくずれる東国八国の設置がこの時期に行なわれたとは考えづらい。

このように考えていけば、「常陸国風土記」から、第二節で述べる建郡(実際は立評)は想定できるが、建国記事は後世の潤色とみなければならない。ちなみに残存する他の『風土記』の記述では、どうであろうか。

孝徳朝(「難波長柄豊前大宮」等の表記)の記述は、「常陸国風土記」のほかに「播磨国風土記」や摂津・伊勢国の逸文に記載されている。基本的には建郡(立評)と開発・行幸の記述であり、建国記事はない。「常陸国風土記」の建国記事は、孤立した記述になっている。もし孝徳朝に建国されていたら、ほかの風土記に伝承があってもおかしくない。「常陸国風土記」の「国」の設置は、後の時代の潤色記事であろう。

2 新たな地域支配——国造支配から立評へ

国造とは

改新詔を契機に、新たに各地に「評(コホリ)」が立てられたが、「評督《ひょうとく》」などと呼ぶ評の官人は国造から選ばれた。国造は教科書などでは「くにのみやつこ」と読むが、学界では「こくぞう」と音読している。国造とは、いったい何者だろうか。

国造の前身は、「国(クニ)」と呼ばれる在地の首長「国主(クニヌシ)」である。国主といえば、『古事記』の神代《じんだい》で活躍する「大国主神《おおくにぬしのかみ》」の名前が思い出される。大国主とは「偉大な国の主」の意味。この国作りの神は、「大穴牟遅神《おおあなむち》」「葦原色許男神《あしはらのしこお》」「八千矛神《やちほこ》」「宇都志国玉神《うつしくにたま》」など、多くの名前がある。各地域にそれぞれ国造がいて、色々な名前で呼ばれていたからである。なかでも「大穴牟遅神」の名前はおもしろい。『書紀』に「大己貴、此云於褒婀娜武智《おほあなむち》」(神代第八段一書第二)とあり、「オホアナムチ」と読むことはまちがいない。「大(オホ)」は美称、「牟遅(ムチ)」は「貴神や貴人」であるが、議論が分かれるのは「穴」の解釈である。この穴を、「地霊の神格化した神の住処」(石母田正説)と捉え、「洞穴」や「鉱穴」「鉄穴」として理解するのがいいだろう。なお、「オホナムチ」と読み、「ナ」を「地」と解する説もある(西郷信綱説等)。「土地をもつ貴神」の意味である。

それはともかく、各地に存在した国作りの神が、地域固有の名前で呼ばれていたのである。『古事記』では、こうした大穴牟遅神がスサノヲの要望をうけて、大国主神を名のるようになる。大国主神は、各地の国作りの神のなかでも地位の高い神と思われる。「偉大な国主」の神といわれる所以である。それぞれ、各地の在地首長を象徴した神名で呼ばれたのであろう。

話を元に戻すと、国の首長であった国主が、ヤマト王権に政治的に従属して、「国造」の地位に任用されていた。その従属のあり方は、国主が支配していた「国の政治的領域」をヤマト王権に献上することにあった。その献上行為は、「国譲り」として行なわれた。『古事記』には大国主神の国譲り神話があるが、国主が自らの「国」をヤマト王権に譲ることを、神話として表現したものである。

こうした国譲り神話を背景にもちながら、象徴的に行なわれたのが、出雲国造による国造就任儀礼である。ヤマト王権の側からいえば、国造の補任《ぶにん》儀礼となる。出雲国造は列島各地に存在した国造を代表して、こうした儀礼を行なったことになる。

ところで、「東国国司の詔」にあるように、評などの官人となることを希望した在地首長は、それまでは「国造・伴造・県稲置《こおりのいなき》」の一員として、ヤマト王権の「官家(ミヤケ)」を保有し、「郡県」を治めていた(『書紀』大化元年八月庚子条)。この「郡県」は中国的な行政名であるが、一定の地域である「クニ」などの支配を意味していただろう。

つまり大化前代の国造などの在地首長は、その支配地域にヤマト王権の「官家」と称する施設をもち、それがヤマト王権のミヤケとして扱われた。『書紀』の論理でいえば、「我《わ》が祖《おや》の時より、此《こ》の官家《みやけ》を領《あず》かり、是《こ》の郡県《こおり》を治《おさ》む」というように、国造・伴造・県稲置らは「官家」を領かるという意識を持たされていた。たとえば、「播磨国風土記」揖保《いいぼ》郡条には、

越部里《こしべのさと》〈旧《もと》の名は皇子代里《みこしろのさと》なり〉土《つち》は中《なか》の中《なか》なり。皇子代と号《なづ》くる所以《ゆえ》は、勾《まがり》の宮《みや》の天皇《すめらみこと》のみ世、寵人《うつくしびと》、但馬君小津《たじまのきみおつ》、み寵《めぐみ》を蒙《かがふ》りて姓《な》を賜《たま》ひ、皇子代君《みこしろのきみ》と為《な》して、三宅《みやけ》を此の村《むら》に造

りて仕《つか》へ奉《まつ》らしめたまひき。故《かれ》、皇子代《みこしろ》の村といふ。

とある。この伝承は、越部里の旧名である皇子代里の地名起源譚である。安閑天皇(勾の宮の天皇)の世、皇子代(子代)が設定され、但馬君小津が村(里)に三宅(官家)を造って、皇子代君として仕奉する、という意味である。県稲置より下位の規模と思われるが、三宅をもとに子代を管理して、皇子代君を名のるという構造は同じである。

このように、在地首長は国造などに任命されてヤマト王権に服属し、地域支配を担っていたのである。ただし、従属しつつも、首長としての独立性は強い。

国造による地域支配

ところで、各地の在地首長が国造に任用されていたといっても、その役職のあり方は律令制国家の郡司などの官人とは違っていた。まだ、ヤマト王権が民衆を直接支配するようなかたちではない。国造がどのように支配していたのか、最初に国造の支配のありさまを考えてみたい。

七世紀の日本列島について記した『隋書』倭国伝に、

軍尼《くに》一百二十人あり、なお中国の牧宰《ぼくさい》のごとし。八十戸に一伊尼翼《いな》を置く、今の里長の如きなり。十伊尼翼は一軍尼に属す。

と書かれている。軍尼は「国造」、伊尼翼は伊尼冀《いなぎ》の誤りで「稲置」である。『書紀』にみられる「国造・稲置」の名称と同一である。この「倭国伝」に記されたように、国造と稲置(『書紀』では県稲置)が上下関係の行政組織として、設置されていたかどうかは疑問がある。しかし、国造が支配する「国」と稲置の「県」とが併存していたことはまちがいなかろう。

国造には、上野国を支配する上毛野《かみつけぬ》国造、信濃国を支配する科野《しなの》国造のように、令制国一国を支配する大国造のほか、房総のように須恵《すえ》・馬来田《まくた》・上海上《かみつうなかみ》・伊甚《いじみ》・武社《むさ》・菊麻《きくま》・阿波《あわ》・印波《いんば》・下海上《しもつうなかみ》国造ら多数の国造が存在する地域があった(図2-4)。各地域の地政学的なありさまが、国造のあり方に関係しているのだろう。

当時の列島に、どの程度の国造が存在していたのだろうか。『隋書』倭国伝によれば、一二○(軍尼一百二十人)となる。「国造本紀」(『先代旧事本紀』巻一○)は、一○世紀前半には成立していたと考えられるが、国造数を一二六前後とする。その数はほぼ一致するので、国造数は一二○前後の可能性が高い(吉村武彦『ヤマト王権』)。

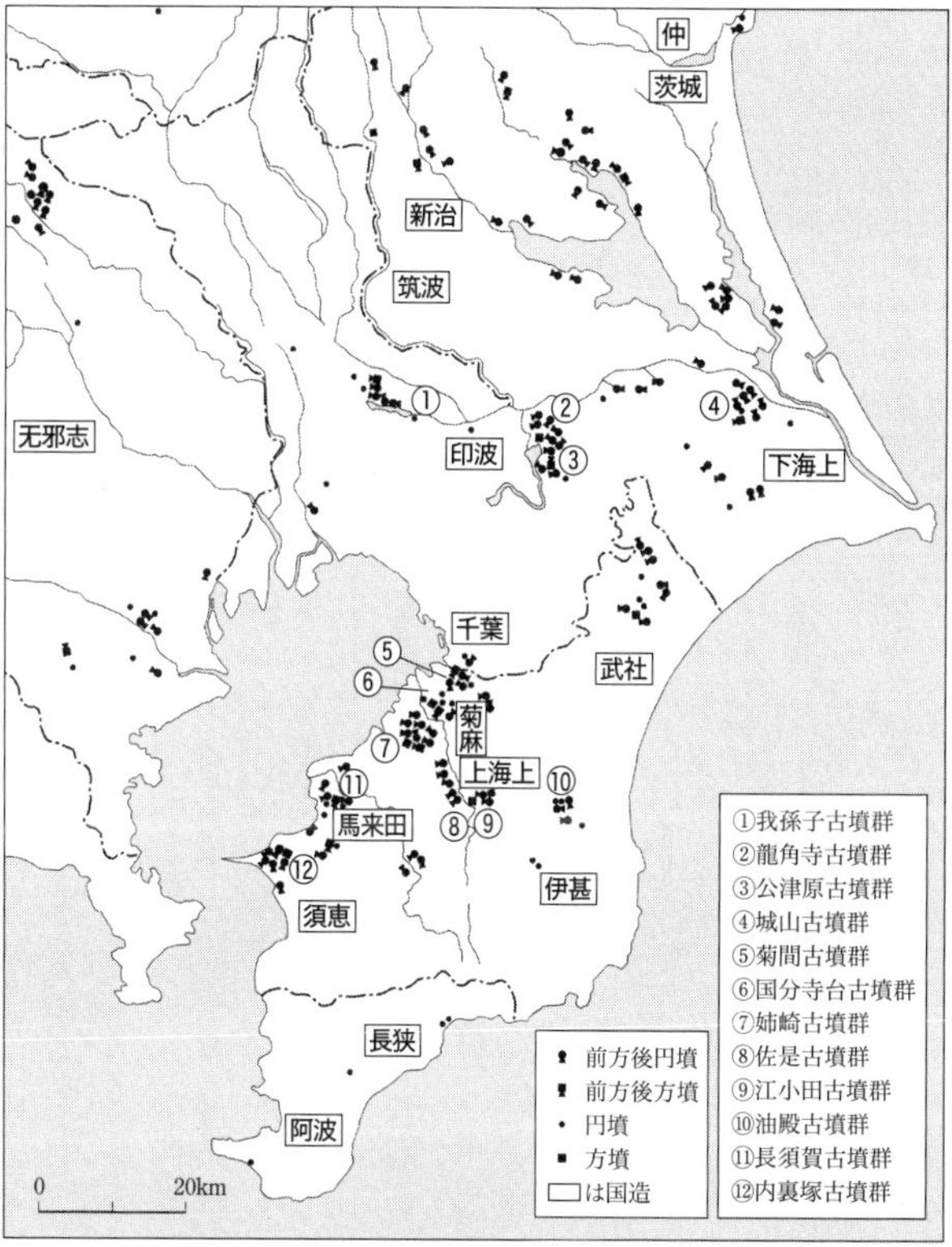

図 2-4　房総の国造分布図

国造については、「国造記《くにのみやつこのふみ》」（『続日本紀』大宝二年四月庚戌条）という図書があったというが、その写本も残っていない。この国造は、律令体制下の律令国造（新国造）であり、その出自・系譜を集成した書物であろう。

ヤマト王権は、国造の支配地域には屯倉（官家）を設置し、農業経営の拠点として活用した。すでに述べたように、『書紀』によれば、欽明天皇の世に白猪屯倉に対する戸口調査が記されている。ここでは、屯倉の農耕に従事する人々を、部民としての田部に編成し、さらに籍を作成して田戸に編成したという（四七頁）。大臣の蘇我馬子は、名籍（文板のこと。ふだ）に田部の名前を記入し、その名簿を利用して農業経営を行ない、租税（公租公課）を徴収するなど屯倉経営を効率的に営んでいた。新しい屯倉経営の管理モデルである。

このような欽明紀における白猪屯倉の運営は、「戸口調査」や「田地の検校」に基づいていた。いかに蘇我氏といえ、在地の協力なくして実行できない。地域の国造は、支配する民衆に対して、日常的に勧農（勧課農桑）を行なっていただろう。

すでに指摘したように、国造の権限として「勧農を核とする行政権」が想定される。私も、国造制の時期における「校田・班田」を主張している（四八頁）。これら国造の権限は、地域の生産活動に根付いたものである。

しかしながら、こうした国造による支配は、ヤマト王権にとって間接的支配にほかならない。王権による統一的な直接支配には向いておらず、新たな国造りに必要な直接支配のための行政単位として立評が必要になっていたのである。

孝徳朝の立評（建郡）

改新詔で、各地における国造支配に替わるものとして、新たに地域行政組織の「郡」を建てる（建郡、実際は立評）方針が出されている。現実には、どうであったのだろうか。後の奈良時代の編纂書になるが、各国の『風土記』がそのありさまの一端を伝えている。

たとえば、「常陸国風土記」の行方郡の場合、次のように書かれている。

古老《ふるおきな》のいへらく、難波長柄豊前《なにわのながらのとよさき》の大宮《おおみや》に馭宇《あめのしたしろ》しめしし天皇《すめらみこと》のみ世、癸丑《みずのとうし》の年《とし》、茨城《うばらき》の国造《くにのみやつこ》小乙下《しょういつげ》壬生連麿《みぶのむらじまろ》・那珂《なか》の国造《くにのみやつこ》大建《だいけん》壬生直夫子《みぶのあたいおのこ》ら、惣領《すべおさ》高向《たかむこ》の大夫《まえつきみ》・中臣幡織田《なかとみのはとりだ》の大夫《まえつきみ》らに請《こ》ひて、茨城の地《くに》の八《や》里《さと》と（那珂の地の七里）を合《あわ》せて七百余戸を割《さ》きて、別《わ》きて郡家《こおりのみやけ》を置《お》けり。

前節の「総記」からの引用でみたように、難波長柄豊前大宮とは、孝徳天皇の難波宮（前期難波宮）であり、癸丑年は六五三年（白雉四）である。この年、茨城の八里（当時は一里＝五十戸が単位なので四〇〇戸か）と「那珂の七里」（諸本にはなく、後世の追補。七里なら三五〇戸）の七百余戸から、郡を建て、郡家（役所）を置いたという。追補の数値には問題が残るが、これが後の行方郡にあたる（表2－1のa）。なお、小乙下《しょういつげ》と大建《だいけん》の冠位は、六六四年（天智三）の冠位制で当時はなかったものであり、後の冠位で潤色されている。

明らかに茨城・那珂国造の二人が、支配下の戸を合わせて行方郡を建郡する記述である。すでに改新詔で五十戸単位の編成を終えた後の記事で、その五十戸を「里」と表記して記述している（実際にはこの時まだ「里」はない）。

このほか、香島《かしま》郡条には、己酉年（六四九年〈大化五〉）に「大乙上中臣某《なかとみの》」と「大乙下中臣部《なかとみべの》兎子《うこ》」らが、惣領高向大夫に申請して、下総国海上《うなかみ》国造の部内一里と那珂国造の部内五里を割いて神郡《しんぐん》（香島郡）を建郡したとある（b）。この地域は当時の常陸国の範囲にかぎらず、後の下総国を含むことに注意したい。ただし、この時期にはまだ下総国は存在しない。

多珂《たか》郡条には、癸丑年（行方郡と同じ）に「多珂国造石城直《いわきのあたい》美夜《みや》

立郡名	備考
行方郡	
香島郡	神郡
多珂郡	
信太郡	逸文
宍禾郡	
多気郡	逸文か

表2-1　『風土記』記載の建郡（立評）記事

	国名	条文名	年　次	設置の主体
a	常陸国	行方郡	癸丑年（653）	茨城国造・那珂国造
b		香島郡	己酉年（649）	海上国造・那珂国造
c		多珂郡	癸丑年（653）	多珂国造・石城評造
d		（信太郡）	癸丑年（653）	筑波・茨城評造か
e	播磨国	宍禾郡		揖保評造か
f	伊勢国		丙午年（646）	竹連・磯部直

部《べ》」と「石城評造部志許赤《しこあか》」らが、惣領高向大夫に申請して、多珂郡と石城郡（後に陸奥国に所属）に編成した（c）。ここには「郡」のほかに「評」の文字がみえる。そのまま理解すれば、すでに石城評が存在しており、多珂郡はその分割郡としてできた可能性が高い。石城評は、あるいは六四九年に建郡していたかもしれない。

また、『風土記』逸文には、癸丑の年に、「小山上物部河内《もののべのかわち》」と「大乙上物部会津《あいづ》」らが惣領高向大夫らに申し出で、筑波・茨城郡七百戸を割いて、信太《しだ》郡を建郡した記事がある（d）。この場合も、筑波・茨城郡がすでに存在している。癸丑年は、おそらく己酉年に続く二度目の郡編成の年であろうか。

さらに「播磨国風土記」に、孝徳朝に揖保《いいぼ》郡を分けて宍禾《しさわ》郡を建郡した記事がある（e）。やはり孝徳朝において、二回にわたる建郡が行なわれたということになる。また、「伊勢国風土記」逸文（参考）には、丙午年（六四六、大化二）に竹連・磯部直が多気郡を建郡した記事がある（f）。「伊福部氏系図」にも、「難波長柄豊前宮御宇天皇天万豊日《あめよろずとよひ》天皇(孝徳天皇)二年丙午、立水依評任督、授小智冠」とある。これらの記述の伝承が正しければ、丙午年には伊勢のほか、因幡《いなば》でも評(郡)が立てられたことになる。ただし、『書紀』改新詔に基づく後の潤色の可能性もあり、断定することはできないだろう。

その結果、『風土記』関係の建郡(立評)記事を図表化すれば、表2−1のようになる。

このように、『風土記』の記載によれば、孝徳朝には二回(己酉年・癸丑年)ないし三回(丙午年を含む)にわたって、建郡(立評)が行なわれたことになる。ここから、孝徳朝における建郡は、複数回にわたって実施されたのはほぼ確かと思われる。なお、「皇大神宮儀式帳」には六六四年(天智三)、「伊福部氏系図」には六五八年(斉明四)の立評(分立)記事があり、一部の地域では後に評の再編が行なわれていた。孝徳朝には、実際に全国的な立評が行なわれ、その後にも評の再編が実施されたと思われる。

繰り返すが、この「評」の行政区画は、大宝令で「郡」の名称となる。奈良時代の郡司選任に関して、「難波朝庭《なにわのみかど》より以還《このかた》の譜第《ふだい》重大《じゅうだい》なる四・五人」(『続日本紀』天平七年五月丙子条)、「それ郡領《ぐんりょう》は、難波朝庭始めて其の職を置く」(『類聚三代格』弘仁二年二月条)などとあるように、孝徳朝に建郡されたこと、またそれ以来郡司の職を世襲してきた氏族を「譜第」と呼んでいたことがわかる。

以上のように、孝徳朝の立評は歴史的事実である。なお、評の官人は長官・次官の二官制で「評督・助督《じょとく》」と呼ばれ、「評造（コホリノミヤツコ）」と総称していたことが判明している（磯貝正義『郡司及び采女制度の研究』）。

孝徳朝立評の歴史的意義

大化改新のめざすところは、全体として王権による権力集中にあった。支配体制としては、部民制を廃止し、地域の行政機構（評―五十戸制）を通じて公民を育成することにあった。具体的には、旧来の国造制を廃止して評を立てることであった。

ただし、国造制が廃止されても在地首長としての国造の権威・権力が、ただちに解消されたわけではない。そのためか、祭祀に関わる新たな「国造（新国造。律令国造とも）」が評造以外にも置かれた。大化前代の制度としての国造制（旧国造）による地域支配を、消滅させるようにしていったのである。

その行政組織（評）・官人（評督・助督の評造の役人）をベースとする新しい行政機構を介して、公民制が創出されていくことになる。しかし『書紀』には、立評後の具体的な施策が書かれていない。なぜだろうか。実際には既述したように、東国や全国へ使者が派遣され、戸口調査と校田（田地調査）に従事した。その校田は、校出田（「収数田」）つまり田地の収公をともなうような政策であった（四六頁）。

校田にあたって、立評政策の意図を示唆するような文言がある。「国国の堤築《つつみつ》くべき地《ところ》、溝穿《うなてほ》るべき所《ところ》、田墾《たは》るべき間《ところ》は、均《ひと》しく給《たま》ひて造《つく》らしめよ」（『書紀』大化二年八月癸酉条）である。「東国国司」の発遣に際し、開発地を対等に扱うことを指示したものであるが、堤・溝などによる治水・開発や田地開墾などの土地政策が示されている。実際にも、本章第三節で述べるように孝徳朝には開発伝承が残されている。立評の目的として、新たな支配システムの構築だけではなく、新しい開発を実行する意図が示唆されていることは重要である。

一方で、国造の動向が問題となる。不思議なことに『書紀』や『風土記』をみるかぎり、建郡つまり国造制の廃止に対し、従来その地を支配していた国造が抵抗したような記述がない。もちろん『書紀』や『風土記』の編纂は、天皇支配の正当性を主張するものであるので、記載されなかった可能性もある。

一つ注目すべき内容として、「東国国司の詔」の記事には、在地首長の政治動向の一端が書かれている。

もし名《な》を求《もと》むる人有《ひとあ》りて、元《はじめ》より国造《くにのみやつこ》・伴造《とものみやつこ》・県稲置《こおりのいなき》に非《あら》ずして、輙《たやす》く詐《いつわ》り訴《うた》へて言《もう》さまく、「我《わ》が祖《おや》の時より、此《こ》の官家《みやけ》を領《あずか》り、是《こ》の郡県《こおり》を治《おさ》む」とまうさむは、汝等《いましたち》国司《くにのみこともち》、詐《いつわり》の随《まま》に便《たやす》く朝《みかど》に牒《もう》すこと得じ。審《つばひらか》に実《まこと》の状《かたち》を得て後《のち》に申《もう》すべし。

（『書紀』大化元年八月庚子条）

つまり、「国造・伴造・県稲置」を名乗っている連中には、朝廷より正式に任命されたものだけではなく、詐って「官家を領」かっていると称し、詐称して「郡県（地域）」を支配していた者がいたのである。

この史料が示す在地の実態は、どういうものだろうか。可能性が高いのは、正式な国造・伴造・県稲置のほかに、地域を支配する新しい首長が台頭していたこと、そして彼らが朝廷に反発するよりむしろ、その一員を装って官職名を自己主張していたことである。当時の政治状況では、むしろ旧来の国造・伴造等として存在するよりも、朝廷から権威づけられる評の官人になる方が、地域支配を円滑に進める手立てになっていたのではないか。そうだとすれば、改新を主導し権力集中をもくろむ王権側と、国造らの在地首長層との間には、必ずしも矛盾がなかったと思われる。

孝徳朝の「評」と大宝令の「郡」

これまで述べてきたように、「郡」字と「評」字の読みは、ともに「コホリ」で、「評」が「郡」の前身の位置にある。改新詔の原詔では、「評」字であったことは出土木簡で明らかである。

「評」と、同様に『書紀』で「町段歩」と潤色されている面積単位の「代《しろ》」字に共通するのは、倭国が「蕃国」として扱っていた半島諸国の行政・面積の単位であること。改新時には、半島で使われていた制度の方が運用しやすかったのだろう。そのもっとも大きな理由は、おそらく文字を理解できる渡来系官人の存在である。欽明朝において、吉備の屯倉の管理を行なっていたのは渡来系の人々であった(『書紀』欽明三〇年正月条・四月条)。そのため浄御原令施行時に至っても、改新時の「評」や「代」の制度が引き続いて用いられたと思われる。

ところが、孝徳朝の中央官制にみえる「刑部尚書」「衛部」「将作大匠」「判事」などの官職名は、中国的な名称である(四一頁)。こうした現象は、興味深いことに推古朝における初期官制にもみることができる(四二頁)。このように日本古代の行政組織には、大陸系の中央官制と、半島系の地域行政・面積単位という二重構造を読み取ることができるのである。

ここで注意したいのは、用字や名称の問題にとどまらず、はたして「評」と「郡」の政務内容が同じかどうかであろう。大宝令で定められた「郡」における政務は、改新時の「評」段階の政務とは必ずしも一致しないからである。

第一に異なるのは、軍事の職務である。評の時期には、まだ律令制的な軍団組織は成立していない。日本の古代では、浄御原令で兵士制が設定され、大宝令の施行とともに律令法による軍団制が確立する。浄御原令段階における兵士の徴発は、「嶋評《しまのこおり》戸口変動記録木簡」(福岡県太宰府市国分《こくぶ》松本《まつもと》遺跡、二一八頁)の出土によって確認できる(坂上康俊「嶋評戸口変動記録木簡をめぐる諸問題」)。このように評の制度にも歴史的変遷があり、孝徳朝に成立した評制の特質も歴史的に考えていかねばならない。

これまでの研究史では、評制段階における地域の軍事体制を「国造軍」と呼んできた。国造が主体となって立評された場合、確かに国造軍としても差し支えないだろう。ただし、国造以外の者が立評した場合は、必ずしも国造軍の名称は適さない。先の嶋評の例のように評の組織も兵士徴発に関与しているので、「評・国造軍」と呼び直した方がいい。いずれにせよ、郡の成立とともに兵士が評制から分離し、軍団が成立するのはまちがいない(磯貝『郡司及び采女制度の研究』)。

大宝令で用いられた「郡」「町段歩」の単位は、当時の唐における州県制や頃畝制とは異なり、倭国・日本が独自に使用した制度名称である。その意図は、東アジアにおける小帝国としての日本の独立・自主の精神・面目を強調したものであろう。とりわけ「国・郡」は、中国の古典的な時代と評価される前漢（中国では西漢）の行政単位である。むしろ中国の古典的世界への憧憬すら感じられる。

このようにして、『書紀』では「評」や「代」という「蕃国」の制度に基づく名称を抹消し、小帝国の成立期を改新詔に求めたのである。こうして大唐帝国と比肩できる法治国家の始原が、七世紀半ばの大化改新期にあったことを誇示することになった。

3　地域の拠点と開発

立評と考古学

さて前節で、立評にあたりミヤケ（官家）が設置されたと述べた。律令制時代は「郡家（コホリのミヤケ）」というが、評の役所（評衙《ひょうが》）もミヤケと呼ばれたであろう。ところで、ミヤケとは「ミ（御）」という尊称に「ヤケ（宅、家処）」の言葉が続く、特別な建物のことである。このミヤケが新たに建造されたか、あるいは旧来の在地首長の居宅(首長居館)の一部が利用されたかは、それぞれの立評事情による。いずれにせよ、ヤマト王権との政治的つながりからの呼称である。このミヤケは、考古学による発掘調査で見つかっているのだろうか。

考古学では、都城や国府などの官衙遺跡の発掘が盛んである。そのなかに郡家(郡衙《ぐんが》)遺跡の発掘調査も含まれ、現在では『日本古代の郡衙遺跡』(雄山閣)も出版され、各地で郡衙遺跡が見つかっている。その一つに、愛媛県の久米《くめ》官衙遺跡群がある(図2-5)。

久米官衙遺跡群は、松山市来住《きし》町・南久米町に所在する官衙遺跡で、久米国造の本拠地といわれる。さらに評衙遺跡が展開するという複合遺跡で、「久米評」と刻まれた七世紀第3四半期の須恵器《すえき》が出土している。

このような評衙の遺跡は、一般に前期評衙(孝徳朝から天武朝期前半頃の七世紀第3四半期)と後期評衙(天武朝期後半頃から文武朝期の七世紀第4四半期)に区別されている(山中敏史「評制の成立過程と領域区分」)。このうち前期評衙が、孝徳朝の立評時に建設された可能性が高いとされるものだが、この久米官衙遺跡には、久米国造が七世紀前半に建てた施設と想定されている遺構がある(松原弘宣『日本古代の支配構造』)。この説の是非は別にしても、七世紀中葉以前からの支配拠点を踏襲していることはまちがいない(山中敏史説)。つまり孝徳朝の立評に際して、旧来の

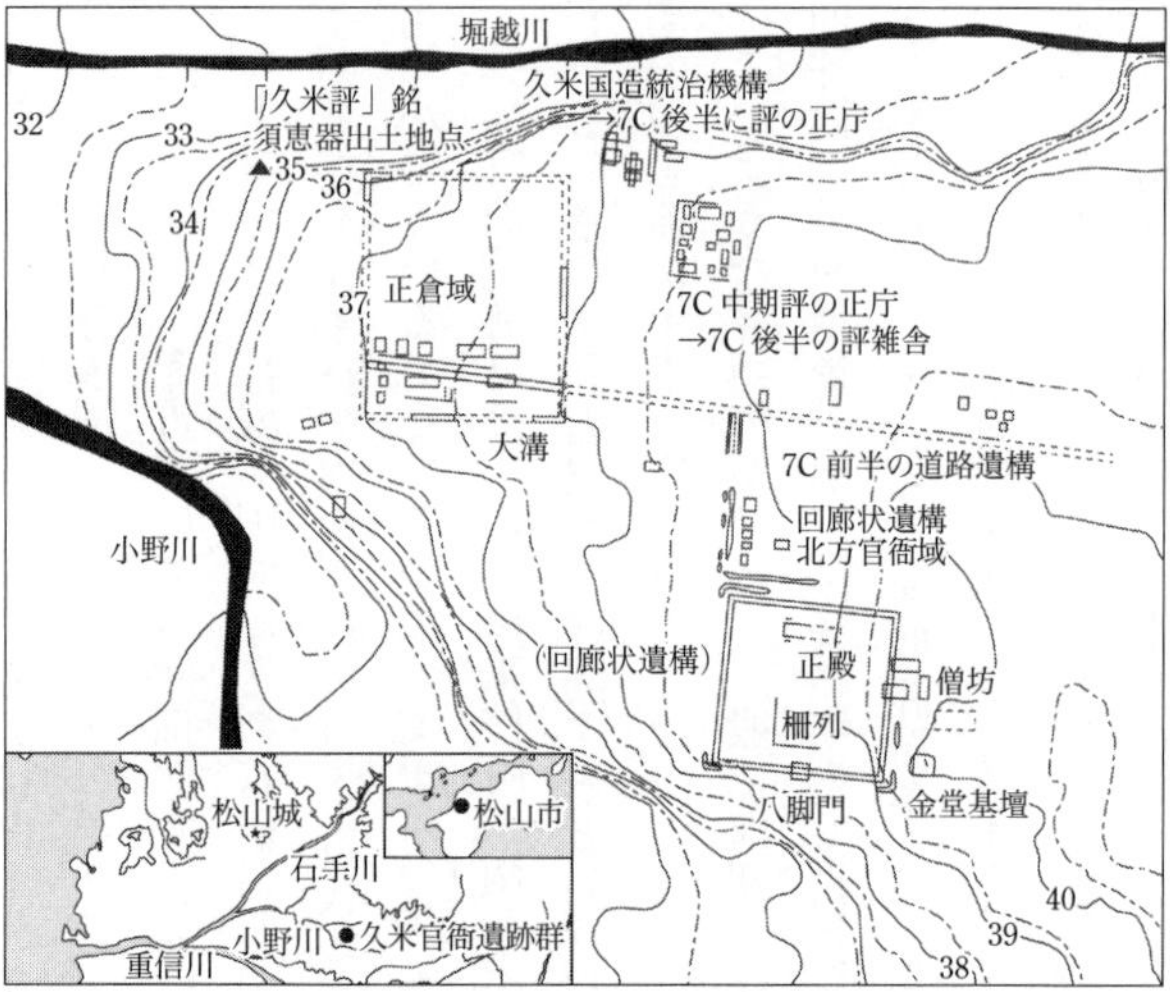

図 2-5　久米官衙遺跡群

政治的拠点に新たな施設が設置されたことになる。文献史料が、考古学の発掘調査によって確かめられた研究成果である。このように評衙が、国造をはじめとする有力氏族の本拠地に建設される場合（本拠地型評衙）のほか、本拠地から離れた場所に建築される場合もある（非本拠地型評衙）。

もちろんこの一事をもって、全国に及ぼすことはできないが、最近では、福岡県小郡市《おごおり》にある上岩田《かみいわた》遺跡も注目される。この遺跡は、小郡官衙遺跡群・小郡官衙遺跡（律令制下の御《み》原《はら》〈三原〉郡衙）の前段階にあたる評衙（御原評衙か御原郡域を含む評衙）と首長居館と想定され、七世紀第3四半期の後半にあたる非本拠地型評衙と位置づけられている。しかも、建物は六七八年（天武七）一二月の筑紫国地震で倒壊したとされる。この地震は『書紀』によれば、「地裂《つちさ》くること広さ二丈（約六メートル）、長さ三千余丈（約九キロ）」という大きな地割れをともなった地震である。この地震の前後で、建物を区別できる建築遺構と判定されている。

いずれにせよこの遺跡は、前期評衙であることはまちがいなく、今後の研究によって前期評衙と後期評衙の実態が判明する可能性をもっている。特筆されるべきは、この評衙には基壇をもつ仏堂（上岩田廃寺）が建てられており、地震で倒壊していることである（小田富士雄「筑後・上岩田遺跡の再検討」）。こうした評衙に仏堂が付随する例は、全国的には珍しく、現在では、護国仏教の性格が指摘されている。六六九年（天智八）一月から六七一年六月まで、筑紫率《つくしのかみ》に補任されていた蘇我赤兄《あかえ》の影響であろうか（小田富士雄説）。孝徳朝にはさかのぼらないとはいえ、前期評衙と仏堂が一体として建築されたのは、改新以降の政治と宗教を考えるうえで重要である。

「常陸国風土記」にみる開発伝承と神

次に、立評後の開発とは、どのようなものだったか、「常陸国風土記」行方郡条の伝承から、地域変化について考えてみたい。すでにプロローグでその一部を紹介したが、継体朝との比較のため、全文を引用しておこう。

此《ここ》より北に、曽尼《そね》の村《むら》あり。古《いにしえ》、佐伯《さえき》ありき、名を疏禰毗古《そねびこ》といふ。名を取りて村に着《つ》く。今、駅家《うまや》を置《お》く。此《こ》を曽尼《そね》の駅《うまや》と謂《い》ふ。

古老《ふるおきな》のいへらく、石村《いわれ》の玉穂宮《たまほのみや》に大八洲《おおやしま》馭《しろ》しめしし天皇《すめらみこと》のみ世《よ》、人あり。箭括《やはず》の氏《うじ》の麻《ま》多智《たち》、郡《こおり》より西の谷《たに》の葦原《あしはら》を截《きりはら》ひ、墾闢《ひら》きて新《あらた》に田《た》に治《は》りき。此《こ》の時、夜刀《やつ》の神、相群《あいむ》れ引率《ひきい》て、悉尽《ことごと》に到来《き》たり、左右《かにかく》に防障《さ》へて、耕佃《たつく》らしむることなし。〈俗《くにひと》いはく、蛇《へみ》を謂《い》ひて夜刀《やつ》の神《かみ》と為《な》す。其の形《かたち》は、蛇の身《み》にして頭《かしら》に角《つの》あり。率引《ひきい》て難《わざわい》を免《まぬが》るる時、見る人あらば、家門《いえかど》を破滅《ほろぼ》し、子孫《うみのこ》継《つ》がず。すべて此の郡《こおり》の側《かたわら》の郊原《のはら》に甚多《いとさわ》に住《す》めり〉。是《ここ》に麻《ま》多智《たち》、大《おお》きに怒《いかり》の情《こころ》を起《お》こし、甲鎧《よろい》を着被《つ》けて、自身《みずから》仗《ほこ》を執《と》り、打殺《うちころ》し駈逐《おいや》らひき。すなはち山口《やまぐち》に至《いた》り、標《しるし》の梲《つえ》を堺《さかい》の堀《ほり》に置《た》て、夜刀《やつ》の神に告《つ》げていひしく、「此《ここ》より上《かみ》は神の地《ところ》と為《な》すことを聴《ゆる》さむ。此より下《しも》は人の田《た》と作《な》すべし。今より後《のち》、吾《われ》、神の祝《はふり》と為《な》りて、永代《とこしえ》に敬《いやま》ひ祭《まつ》らむ。冀《ねが》はくは、な祟《たた》りそ、な恨《うら》みそ」といひて、社《やしろ》を設《ま》けて、初《はじ》めて祭《まつ》りき、といへり。すなはち、また、耕田《つくりだ》一十町余を発《おこ》して、麻多智の子孫、相承《あいう》けて祭《まつり》を致《いた》し、今に至るまで絶えず。其《そ》の後《のち》、難波《なにわ》の長柄豊前《ながらのとよさき》の大宮《おおみや》に臨軒《あめのしたしろ》しめしし天皇のみ世に至り、壬生連麿《みぶのむらじまろ》、初《はじ》めて其《そ》の谷《たに》を占《し》めて、池《いけ》の堤《つつみ》を築《つ》かしめき。時に、夜刀《やつ》の神、池の辺《へ》の椎株《しいのき》に昇《のぼ》り集《あつ》まり、時《とき》を経《ふ》れども去《さ》らず。是《ここ》に、麿《まろ》、声《こえ》を挙《あ》げて大言《たけ》びけらく、「此の池を修《おさ》めしむるは、要《むね》は民《たみ》を活《い》かすにあり。何《なに》の神《あまつかみ》、誰《いずれ》の祇《くにつかみ》ぞ、風化《おもむけ》に従《したが》はざる」といひて、すなはち、役《えだち》の民《たみ》に令《おお》せていひけらく、「目《め》に見る雑《くさぐさ》の物《もの》、魚虫《うおむし》の類《たぐい》は、憚《はばか》り懼《おそ》るるところなく、随尽《ことごと》に打殺《うちころ》せ」と言《い》ひ了《お》はるその時、神《あや》しき蛇避《へみさ》け隠《かく》りき。いはゆる其《そ》の池は、今、椎井《しいい》の池と号《なづ》く。池の回《めぐり》に椎株《しいのき》あり。清泉《しみず》出づれば、井《い》を取《と》りて池に名《な》づく。すなはち、香島《かしま》に向《むか》ふ陸《くが》の駅道《うまやじ》なり。

曽尼《そね》駅に関わる開発伝承であるが、その開発伝承の部分を要約してみよう。継体天皇（石村玉穂宮大八洲所馭天皇）の世、在地の小首長である箭括麻多智《やはずのまたち》は、谷間の葦原を開墾して一〇町余の墾田を得た。その際、谷間の神（夜刀《やつ》の神）である蛇が、多数で妨害した。麻多智は、武装して蛇を打ち殺して追放した。そして、山の登り口に境界の堀を設けて標《しるし》の杖を立て、境界の上《かみ》の地を神の土地、下《しも》の方を人の開発地とした。そして、夜刀の神の社《やしろ》を設け、神官（祝）として代々祭祀を行なった。伝承においては、自然の開発と自然神への祭祀とが密接に関係していることが、未開段階の開発の姿として表されている。

ついで、孝徳天皇（難波長柄豊前大宮臨軒天皇）の世になり、茨城国造で行方評の立評者になる壬生麿《みぶのまろ》がその谷地を占有し、ため池を築いた。時に、蛇が池の椎の木に群がって、立ち去らなかった。麿は、池の築造は民衆の生活向上のためであり、いかなる神が皇化（天皇の意向）に従わないのかと脅すにいたる。さらに、力役している民衆に対し、動物などの殺害を命じたところ、蛇は逃げ去ったという。そして、池の名を椎井池と名づけたという伝承である。壬生麿の自然開発は、天皇中心の皇化を基準にしており、その精神は合理的であると思われる。

この行方郡の伝承は、六世紀前半の継体朝の開墾と、七世紀中葉の孝徳朝の開発という二時期の伝承である。その中で夜刀の神が共通しているが、神が具体的に蛇のかたちで現れることが特徴である。しかも、頭に角がはえた蛇である。角ある蛇は、香島郡条の「角折《つのおれ》の浜《はま》」の地名起源譚にも、「蛇《へみ》の角《つの》、折《お》れ落《お》ちき」と書かれている。竜とも異なる「角ある蛇」は、日本の民俗だけではなく世界的にもみられるという。いずれにせよ、畏怖される形である（佐藤次男「常陸国風土記の「角ある蛇」について」）。伝承にも、難をのがれて逃げる時、もし蛇を振りかえって見れば、家門がつぶれ子孫が継承できないという。こうした夜刀の神が、水の神として谷間に出現する。

全体としては自然を切り開いて農地を増やす行動であるが、ここでは自然を体現する在地の神と人間との戦いとして描かれている。しかし、立評後の麿の行動は、神に対する畏怖の念も敬神の精神もない。むしろ文明への開明精神をともなっている。

なお、この伝承には説話の初めに曽尼駅、終わりに駅道の記述がある。交通とも関係する開発伝承とみなければなるまい。交通が単なる中央・地方間の移動手段だけではなく、地域の開発に関係していることを示している。交通の問題は、本章第四節で述べる（一三三頁）。

開発と在地の神

開発に際し、継体期における箭括麻多智と孝徳期の壬生麿の振る舞いは、明らかに異なっている。まずは、登場人物を比べてみよう。箭括氏は、「常陸国風土記」にしか現れない氏名《うじ》。名前の「やはず」は、「矢の末端の、弦《つる》をかける所」（『岩波古語辞典』補訂版）という意味。矢作《やはぎ》氏（矢の製作に従事）のように、矢などの武器の製作に関係する氏族と思われる。開発に対しては武人的であるが、神を敬う精神は保持している。

一方の壬生麿は、別の箇所に茨城国造として現れる国造であり、しかも行方評の立評者の一人である。壬生の氏名は、六〇七年（推古一五）に設置された、皇子を資養する壬生部にちなむ。

麿は東国に設置された壬生を管轄する、伴造である。

さて、麻多智は谷間の葦原の生育地を開墾して田地とした。この時、夜刀の神が開墾を妨害した。そのため麻多智は、氏族の名にふさわしく武装し、自ら神蛇を打ち殺した。だが、それだけでは終わらない。山の登り口に境界をつくり、占有の標識を立てて、上を神の地、下を人の田と区別する。しかも夜刀の神を祭る神官となり、永久に祭祀に従事する。つまり、神地と人の田地を明確に区別し、夜刀の神を祭る人物である。

この伝承から、谷の灌漑用水の問題を少し考えてみよう。この伝承をみると、「清泉から命名された椎井の池」とあるので、この池の基本は湧水である。それ以外、谷筋に河川の流れがあるかどうかは不明。池の名称に清泉が関係しているので、かなりの湧水量が想定される。

ところが、国造の麿の場合、池に堤を築いて、ため池にしている。池を築いたのは、かつての神の土地であろう。清泉を含む谷間の水をため池で貯水し、水温をあげてから田地の灌漑に利用したと思われる。谷間にため池を築く方式は、池から田地への水路を調整することも可能にし、生産性をあげたであろう。

このように、継体期には単なる開墾であったものが、孝徳期にはため池灌漑という方式に発展している。これは国造の地位にいた者の立場とも関係するだろう。しかも、興味深いのは、妨害する夜刀の神に対し、ため池を築いた麿は「民衆の生活向上」と大言する。そして、「いかなる天神と地祇が、天皇の皇化に従わないのか」と恫喝し、生き物の撲滅を宣言する。その結果、神蛇は退散した。

国造の伝承には、国造が地域の神を祭る話も、夜刀の神の土地を保証するような話も出てこない。ただし、継体朝の伝承によれば、麻多智の子孫は現在に至るまで、夜刀の神を祭っている。つまり地域の人は在地祭祀に従事しているが、新たな開発主の麿は、地域神を祭るようなことはしなかった。

国造レベルの開発では、もはや地域の神の祭祀と開発とは無関係のようである。強調されるのは「風化」、つまり天皇の皇化の問題である。その一方、麻多智の子孫が夜刀の神を祭る慣行は、「常陸国風土記」の編纂時まで続くようだ。

ところで、前述した新国造(律令制下の一国一員の国造)は、祭祀・神事関係の職務をになう。律令法では、六月と一二月に国ごとに行なわれる大祓《おおはらえ》に、馬一匹を差し出す規定がある(神祇令諸国条)。この国単位の大祓とは、人々が犯した罪や災気を払う行事。国造のほか、郡が刀や皮・鍬《くわ》などを、戸が麻を供出する。『書紀』には、すでに天武五年(六七六)八月条にみえ、七世紀後半には整備されていた。つまり天皇を核とする祭祀には、在地も引き続き従事していた。しかし、逆に国造は在地の祭祀などには、直接には関係しなくなったのであろう。

変わらぬ信仰と変わる施設

このように壬生麿は、天皇の皇化をかざして開発に励んだ。新しく設置された評衙（史料では郡家）と神への信仰に関わる、麿の姿勢を示す記事が、「常陸国風土記」行方郡条にも書かれている。行方評家における、庁舎の配置である。

> 郡家《こおりのみやけ》の南の門《かど》に一つの大きなる槻《つきのき》あり。其《そ》の北の枝《えだ》は、自《おのず》から垂《た》りて地《つち》に触《ふ》り、また空中《そら》に聳《そび》ゆ。其《そ》の地《ところ》は、昔《むかし》、水《みず》の沢《さわ》ありき。今も霖雨《ながあめ》に遇《あ》へば、庁《まつりごとどの》の庭《にわ》に湿潦《みずた》まる。郡《こおり》の側《かたわら》の居邑《むら》に、橘《たちばな》の樹生《きお》へり。

評家の南に門があり、門の付近に槻の大木がある。おそらく昔から育っていた槻であろう。槻はケヤキの古名で、神の依り代になる樹木。その大木の近辺に、新しく評家が設置されたことになる。かつて評家の場所は沢の地であったので、霖雨になれば、評家の庁の庭は水たまりになるという。評家の隣接地には橘の木が生えている（香島評家にも橘が植わる）。この記事によれば、新しい支配の拠点の評家が、実は古い槻の大木を南門付近にあてがうように配置されていたことになる。

この評家の景観で思い出すのが、『書紀』にある海神《わたつみ》の宮である。ホホデミが訪れた海神の宮の門の前に井戸があり、井戸の側らに湯津杜《ゆつかつら》の樹があった（『書紀』神代第一〇段本文ほか）。この神話とは、井戸の有無や樹木の種類が違っているが、宮と評家の構造は、かなりよく似ている。

初期評衙を発掘した遺跡が少ないので、現状では判断が難しいが、上岩田遺跡の初期評衙には、基壇をもつ仏堂が建てられていた（一一三頁）。行方の評家では、神が依りしろう槻の大木があった。いずれにせよ、官司と宗教施設が隣接していることになる。俗法（王法）の世界も、宗教とは無縁で存在できなかったのであろうか。

それでは、孝徳期から数十年が過ぎた律令制国家の時期では、開発と神への信仰のあり方はどうなったのであろうか。すでに国家の勧農（勧課農桑）政策が実施されており、時代は大きく変貌している。

地域は常陸（現、茨城県）と大和（現、奈良県）という違いがあるが、開発と祭祀の対応を示す、興味深い木簡が出土している。遺跡の名前は、奈良県の薩摩《さつま》遺跡（高市郡高取町）。何次かの修復作業を経ている、ため池の遺跡である。釈読文（『木簡研究』三二）は、次のとおりである。

・「田領卿前□〔拝カ〕申　此池作了故神」
・「癸〔発〕応之　波多里長檜前主寸本為
　□□□〔次カ〕遅卿二柱可為今

木簡は、同時代史料であることに第一次的な価値がある。ただし、この木簡は、文字がすべて解読できる完形品ではない。「波多里長」の表記から、里制ないし郷里制下の遺物である可能性が高い。八世紀前半の事柄を記述したものだろう。高市郡の勧農に従事する官人の田領に対し、「此の池を作り了《おわ》んぬ、故に神が発《あらわ》れ之に応ず」という報告が行なわれている。細部は不明というしかないが、池の修築が終了した後に、神が感応したということになるだろう。少なくとも、ため池事業と神との関係が語られていることは明らかである。この木簡によれば、里長レベルの在地首長による開発において、何らかのかたちで神が登場していることになる。「常陸国風土記」行方郡条における、地域の小首長（麻多智）の開発と在地神（夜刀の神）への祭祀と、共通しているのではなかろうか。

これは不思議な話でもある。孝徳朝の国造(壬生麿)の開発では、神祇祭祀の記述はなく、天皇に対する「風化(皇化)」への対応しか問題にならなかった。そのため国造クラスの開発では、神への姿勢が変化していたと読み解くことができた。しかし、律令法が施行された八世紀前半でも、かつての在地首長クラスの里長がもつ神への姿勢は、ほとんど変化していなかった。以上のように、王権や国家につながる官人と、さらに地域と密接な在地首長とでは、神に対する姿勢や信仰のあり方が、かなり違っていたと思われる。

4 都と地方を結ぶ交通

改新詔の「駅馬・伝馬」と「駅評」

さて本節では、先に引用した「常陸国風土記」行方郡条にも登場していた交通の問題をとりあげてみよう。

改新詔における交通政策としては、第二項の主文に「駅馬・伝馬」の設置が掲げられている。また副文(凡条)として、駅・伝馬に必要な令の条文が引用されている(六〇頁)。ただし、鈴・伝符の剋数まで整った駅伝制が、改新時にすぐに整備されたという根拠は今のところ存在しない。

孝徳朝には、既述したように新たな行政区画の「評」が設置された(第二節「新たな地域支配」)が、おもしろいことに「駅評」「馬評」など、交通と「評」とが関係する文字史料が出土しており、これらが律令制期の「駅家」に発展することがわかっている(市大樹『日本古代都鄙間交通の研究』ほか)。「評」の問題は、行政組織だけではなく、交通制度の問題にも関係しているのである。「駅評」は、改新以降の中央と地域を結ぶ交通政策と関係しており、最初に検討したい。

その史料とは、静岡県浜松市の伊場《いば》遺跡出土の木簡にある「駅評人」と、滋賀県野洲《やす》市の西河原森ノ内遺跡出土木簡の「馬評」、さらに岡山県立博物館所蔵の刻書土器の「馬評」である。いずれも七世紀後半の遺物で、孝徳朝にはさかのぼらない。したがって、この「駅評」の設置は改新以降であるが、「東国国司の詔」に出てくる「国司」が、「駅評」を利用したことはないことになる。

「駅評」関係の史料は少なく、制度の全貌を明らかにすることは難しい。そのため、後の駅家との比較から、「駅評」のあり方を考えていきたい。

律令制国家の駅家と「駅評」

最初に、律令制国家期における中央の都と各地方を結ぶ交通網について、述べておこう。いわゆる「駅伝制」である。現在、長距離をリレー式で走る「駅伝」という陸上競技がある。たすきを文書などにたとえれば、この「駅伝」と駅伝制とは似ているところがある。

古代の駅伝制は、各地に設けられた駅家を通じて馬を走らせる「駅」の制度と、各郡家が備えている「伝」を通じた伝馬による二方式がある。この駅制には、専門の使者(専使)が最後まで担当する場合と、いわばリレー式に運送する逓送《ていそう》(駅家から駅家へ順次運送すること)とがある。この駅伝制によって、京と畿内・七道諸国とが結ばれていた。

「駅評」について、木簡にあるのは「駅評人」という語なので、「駅評」が何らかの組織体であることはまちがいない。律令制国家の駅家は、郡とは独立して運営されていた。駅評も、おそらく「評」とは独立して運営されていたため、「評」とは別の「駅評」という名称を与えられたものと思われる。この駅評は、いつ頃成立したのであろうか。

六七二年(天武元)に起こった壬申の乱の際には、大海人《おおしあま》皇子側が駅馬を利用しようとした。そのため、『書紀』には「駅鈴」「駅家」の語句がみえる。当時の表記ではなく、原文は「駅評」と思われ、ともかくこの時に駅制は存在していたといえるだろう。

さらにさかのぼる斉明三年(六五七)七月己丑条にも、駅関係の記事がある。海見島《あまみのしま》(南島人のいる奄美大島か)に漂泊していた覩貨邏《とから》国の男二人・女四人を、筑紫に「駅」を通して呼び寄せた記事。この「駅」の解釈である。一部に駅家(駅評)と解釈する説もあるが、これは「早馬」のような輸送法ではなかろうか。なぜなら、天武元年条の「駅鈴」「駅家」には「ムマヤ(うまや)」の古訓点があるが、斉明三年条の「駅」には「ハイマ」の訓点があるからである。おそらく「早馬」の読みだろう。

先ほどみた「常陸国風土記」には、「今、駅家《うまや》を置《お》く。此《こ》を曽尼《そね》の駅《うまや》と謂《い》ふ」とあり、駅家の設置を伝えている。その時期は不明であるが、改新後の評の設置とともに、「駅評」が設けられたのであろう。しかし現在、駅家が七世紀半ばに成立したとする証拠はない。

なお、駅家と「駅評」では、管理の違いの問題もあるようだ。律令制下において、駅家は国衙の管轄下にあった。その令制国の成立は、天智朝と想定されている。天智以前に「駅家」に相当する施設が存在していたとしても、国衙の管理にはならない。おそらく中央の管理ではなかろうか。「駅評」の組織は、令制の駅家と指揮系統が異なっていた可能性が高い。

改新以前の交通

「駅評」の語から、改新前後の交通制度を考察するのはこの程度が限界である。そこで次に考えたいのは、東国に派遣された「国司」が、どのような手段で往来したのか、という問題である。ここに糸口を見つけられる可能性がある。東国に「国司」が派遣されるのは、六四五年（大化元）八月、改新詔で立評方針が出されるのが六四六年正月である。したがって、「東国国司の詔」関係の史料には立評以前の交通状況が示されている可能性がある。

往来と関係する「詔」の部分は、次の文章である。

また、国司《くにのみこともちたち》等、国に在《あ》りて罪《つみ》を判《ことわ》ること得《え》じ。他《ひと》の貨賂《まいない》を取《と》りて、民《おおみたから》を貧苦《まずしき》に致《いた》すこと得じ。京《みやこ》に上《もうのぼ》らむ時《とき》には、多《さわ》に百姓《おおみたから》を己《おのれ》に従《したが》ふること得じ。ただ国造《くにのみやつこ》・郡領《こおりのみやつこ》をのみ従はしむること得む。但《ただ》し、公事《おおやけ》を以《も》て往来《かよ》はむ時には、部内《くにのうち》の馬《うま》に騎《の》ること得《え》、部内の飯湌《いいくら》ふこと得《う》。

（『書紀』大化元年八月庚子条。「東国国司の詔」第一詔）

ここには「国司」が国内の犯罪を判定したり、賄賂を受け取って百姓を貧困化することなどを禁止している。そして、「公事を以て往来はむ時には、部内の馬に騎ること得、部内の飯湌ふこと得」というように、公事に関わる往来では部内の馬に乗ることができ、また食事の提供を許可するといっている。これと同じような記述は、「東国国司の詔」の第三詔「去年《こぞ》の八月《はつき》を以《も》て、朕親《われみずか》ら誨《おし》へて曰《のたま》ひしく、「官《つかさ》の勢《いきおい》に因《よ》りて、公私《おおやけわたくし》の物《もの》を取《と》ること莫《まな》。部内《くにのうち》の食《いい》を喫《くら》ふべし。部内の馬《うま》に騎《の》るべし。（罰則規定は略）」」（大化二年三月辛巳条）にもみえる。

両者ともに、「部内」という条件が付されている。これが重要である。部内の意味は、直接的には「東国国司」の管轄地域のことであろう（市大樹『日本古代都鄙間交通の研究』）。管轄地域で乗馬が可能ということは、どういうことであろうか。一方で、「田部の馬」「国造の馬」「湯部の馬」を取ることが禁止されている（大化二年三月辛巳条。第三詔）。

田部は屯倉の耕作に従事する部民、湯部（湯坐部《ゆえべ》か）は皇子・皇女の養育のために設置された部民で、いずれも王権との関係が強いため、中央から派遣される「国司」ではあるが、利用できないのである。当然、派遣先の国造の馬も使えない。それでは、どのような馬が利用できたのであろうか。地域の小首長や有力者の馬であろうか。

しかしながら、こうしたクラスも改新前すでに部民制に編成されていただろう。湯部は名代・子代の一種であり、田部は職業部とも関係する。一般百姓が、馬を保有しているとはかぎらない。いずれにしても後者の詔では、権力にかこつけて公や百姓の物を取ることを禁じている。認められているのは、管轄地域において国造を介して提供される食糧と馬の利用である。

それならば仮説の域は出ないが、むしろ国造制支配の一部に原始的な交通制度が組織化されていたと推定した方がいいのではなかろうか。すでに七世紀前半から逓送システムが整備されていたとする学説もある(市前掲書)。

要するに、公務で(部内を)往来するときは、管轄地域の国造らが管理する馬が利用できる、ということである。食糧もおそらく同様に国造が提供していたのであろう。

郡家と国造制時代の交通

さて、「東国国司の詔」にみられた地域の乗馬や給食の制度は、実は郡家のもつ機能と同じである。郡家といえば、郡司による支配拠点として、役所的な側面が強調される。しかし、それ以外に往来・輸送としての逓送機能や給食・宿泊施設を兼ね備えていたことが明らかになっている(大日方克己、原秀三郎、馬場基、市大樹説)。

おそらく馬や食糧の提供は、評の施設である「評家」が受け継ぎ、さらに郡家にも継承されたのであろう。したがって、国造制の乗馬制度は、伝馬の前身である「原伝制」と評価してもさしつかえないだろう(市『日本古代都鄙間交通の研究』)。すでに大化前代においても、「早馬」(青木和夫『日本律令国家論攷』)や「国造早馬」(松原弘宣『日本古代の交通と情報伝達』)が想定されている。
改新後、各地に評が立てられ、新たな開発も進んでいった。すでに述べたように、「常陸国風土記」の開発伝承は、駅路(道)と関係していた(一二七頁)。ところで、東国に遣わされた「国司」をはじめ、国造間の往来に使われる乗馬が利用できるには、ある種の交通路が整備されていなければならない。

『書紀』には、改新後の白雉四年(六五三)六月条に「百済《くだら》・新羅《しらき》、使《つかい》を遣《まだ》して調《みつき》貢《たてまつ》り物《もの》献《たてまつ》る。処処《ところどころ》の大道《おおち》を修治《つく》る」とある。百済・新羅の使が調と物を朝貢するに際し、大道を修理した記事である。大道とは、『書紀』推古二一年(六一三)一一月条「難波《なにわ》より京《みやこ》に至《いた》るまでに大《おお》道《ち》を置《お》く」にある「大道」と関係していよう。

『隋書』倭国伝には、大道設置前の六〇八年(推古一六)に裴世清《はいせいせい》が入京した折、「道を清め館を飾」ったと書かれている。外交使節の入京に際しては、道路が整備されていたのである。そして最終的には六一三年、小治田宮の地と難波を結ぶ直線道が建設された。当麻《たいま》(奈良県葛城市)から海石榴市《つばきち》(桜井市金屋付近)まで東西に走る「横大路《よこおおじ》」である(岸俊男『日本古代宮都の研究』)。横大路は大和側の道路の呼称であるが、難波まで通じていたのである。『書紀』によれば、新たな外交の展開にあわせて大和と難波を結ぶ大道が建設されていたことになる。

七世紀の道路事情

ひるがえって、七世紀前半における道路事情を振り返れば（図２―６）、大和地域では上・中・下ツ道の道路網が整備された可能性が指摘されている（近江俊秀『道が語る日本古代史』）。推古天皇は、即位した豊浦《とゆら》宮から六〇三年（推古一一）に小治田宮に遷宮した。厩戸皇子は、六〇五年に斑鳩《いかるが》宮に移住する。斑鳩宮は、飛鳥地方と「筋違道《すじかいみち》（斜向道路）」と呼ばれる「太子《たいし》道《みち》」で結ばれていた。斑鳩地域には、奈良盆地の条里地割《じわり》とは異なる方格地割があり、道路と同じように西に傾いている。これらは道路と一体として設計されており、七世紀初頭に施工されたという。推古朝当初から、道路整備が行なわれてい

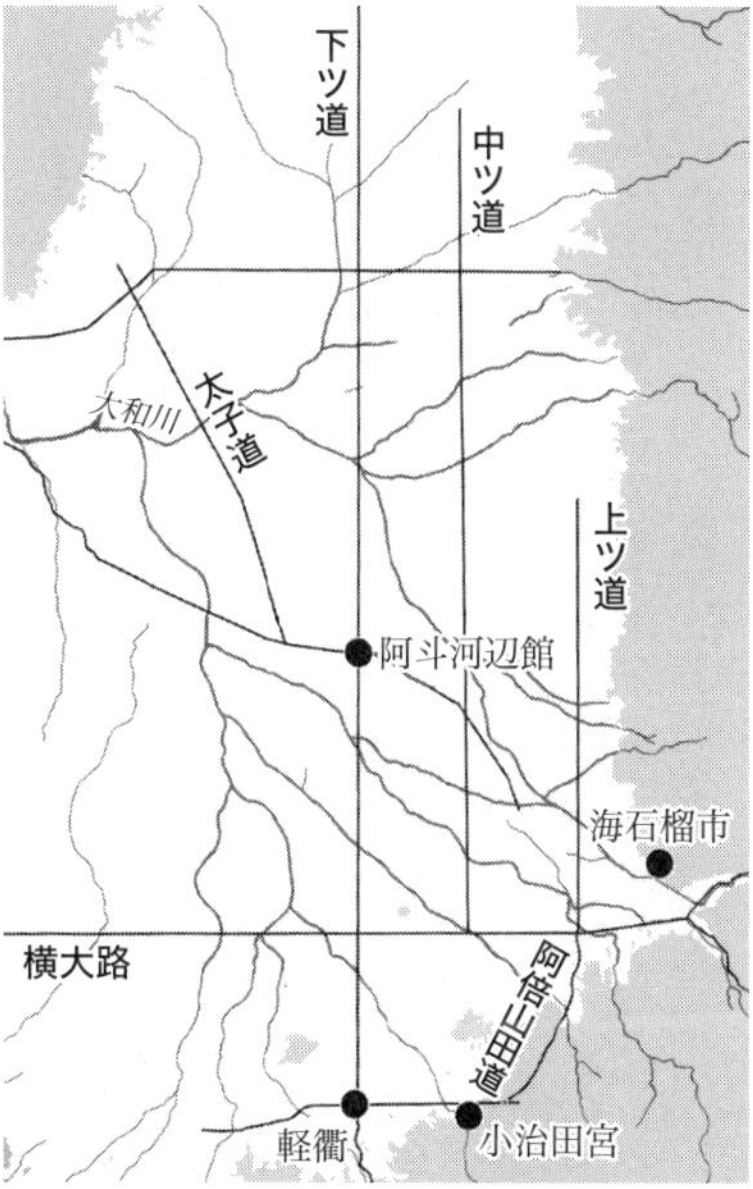

図 2-6　7 世紀の道路図

図2-7　東国の道路

たのである。

　一方の東国では、大和国における計画道路の導入期（六〇一年〜七世紀中頃）に続いて、七世紀中頃から六八九年（持統三）までが、前期計画道路の形成期であったと考えられている（図2−7、中村太一『日本の古代道路を探す』）。

　日本の古代道路研究を牽引してきたのは、歴史地理の研究者の木下良さんであった。かつては、近世の街道や鎌倉街道の道路幅の狭さから、古代の駅路の幅が一一メートルもあるなどとは考えられてこなかった。しかし、最近では古代道路の遺跡が各地で発掘され、直線道路のありさまが具体的にわかってきた。

　大阪府高槻市に摂津国嶋上郡衙と想定されている郡家《ぐんげ》川西《かわにし》遺跡がある（森田克行「大阪府郡家川西遺跡」）。この遺跡では、官衙遺構のほか古代の山陽道（三嶋路）の遺構が見つかっている。木下さんは、この道路の元が改新詔に書かれた難波宮から畿内国の北界「近江の狭狭波の合坂山」に至る道路である可能性が高いと指摘している(『日本古代道路事典』)。ただし、近年では考古学の発掘調査による裏付けがないと、歴史的事実かどうかは確定できない。

また、埼玉県所沢市の東の上遺跡では、七世紀第3四半期末から第4四半期にかけて東山道武蔵路が敷設されたという。遺跡には、側溝間の幅が一二メートルの道路跡が見つかっている。道路の周辺に、多くの掘立柱建物・竪穴《たてあな》建物があり、駅家の可能性が高いという(根本靖「埼玉県東の上遺跡」)。この指摘が正しければ、改新以降に道路が建設され、駅家(これが当時の表記かどうかは別にして)のような施設があったことになる(駅家ではなく、官衙遺跡という説もある)。

以上のように、近年では考古学の発掘調査によって、七世紀後半の道路遺構のありさまが判明しつつある。いずれ改新詔の交通政策との関係がはっきりしてくると思われるので、その成果を見守りたい。

5 「任那の調」廃止と蝦夷対策

「任那の調」の廃止と「質」

大化改新というと、列島内の国内改革に目を向けがちである。しかし、この時期は外交政策上でも重大な転機を迎えることになった。改新後、王権が難波津がある難波に遷都したのも、広く海外にも目を向けるためであろう。もっとも大きな対外政策の転換とは、「任那の調」の廃止である。

大化改新のきっかけは、高句麗・百済の政変に影響された乙巳の変であった。朝鮮半島のもう一つの国である新羅は、当時、かつての加耶《かや》地域（任那）を百済とともに分割支配していた。その新羅に対し、倭国の「任那」に対する外交政策を転換する方針が打ち出された。最初に、改新詔が発布された同年九月条から考えてみることにしよう。

小徳《しょうとく》高向博士《たかむくのはかせ》黒麻呂《くろまろ》を新羅《しらき》に遣《つかわ》して、質《むかわり》貢《たてまつ》らしむ。遂《つい》に任那《みまな》の調《みつき》を罷《や》めしむ。

（『書紀』大化二年九月条）

という記事である。ここには新羅への「質」の要求と、「任那の調」廃止とが対応して出されている。結論的にいえば、新羅に対する新たな服属体制の強化となる「質」を要求し、旧来の「任那の調」を廃止するという政策転換である。どういう意味であろうか。

新羅に高向黒麻呂（玄理）を派遣して要求したのは「質」である。「質」は、「ムカハリ」という古訓点からみても、人質である。「ムカハリ」とは、「ム(身)カハリ(代)の意」で身代わりのこと(『岩波古語辞典』補訂版)。すでに六三一年(舒明三)にも「百済の王《こきし》義慈《ぎじ》、王子《せしむ》豊章《ほうしょう》を入《たてまつ》りて質《むかわり》とす」(『書紀』同年三月条)とあり、これも人質のことである。

「質」の言葉は『書紀』の記述なので、倭国側による政治的解釈という考え方もある。しかし、「質」の語は朝鮮半島側にも記述がある。時代はさかのぼるが、神功《じんぐう》摂政前紀に新羅王の波沙寐錦《はさむきん》が微叱己知波珍干岐《みしこちはとりかんき》を「質」としたことがみえる(仲哀九年一〇月条。さらに神功摂政五年三月条)。半島側の史料『三国史記』新羅本紀には、「倭国と好を通じ、奈勿《なこつ》王の子未斯欣《みしきん》を以て質となす」(第一八代実聖尼師今《じっせいにしきん》の元年〈四〇二〉条)と書かれている。「好」の字があるので、新羅が倭国に友好的な外交姿勢をみせ、そのさなかでの人質であったことがわかる。

また、百済にも同じような人質の史料がある。『三国史記』百済本紀の阿莘《あしん》王六年(三九七)条に「王、倭国と好《よしみ》を結ぶ。太子腆支《てんし》を以て質とす」である。百済が太子を「質」として提供した。この条でも「好を結ぶ」という条件で、人質が献上されている。このように朝鮮側の外交政策の事情に応じて、朝鮮側の史料にも「質」の記述がある。したがって、「質」の語は、『書紀』による恣意的な記述ともあながちいえない。孝徳紀にみえる「質」の記事は、「任那の調」廃止と対応関係にあり、事実として認めて差しつかえないだろう。

大化二年(六四六)の新羅の場合、「質」として列島に来たのは、金春秋《こんしゅんじゅう》(後の武烈王)である。『書紀』に「新羅《しらき》、上臣《まかりだろ》大阿飡《だいあさん》金春秋らを遣《まだ》して、博士《はかせ》小徳《しょうとく》高向黒麻呂・小山中《しょうせんちゅう》中臣《なかとみの》連《むらじ》押《おし》熊《くま》を送《おく》りて、来《きた》りて孔雀《くじゃく》一隻《ひとつ》・鸚鵡《おうむ》一隻《ひとつ》を献《たてまつ》る。よりて春秋を以て質《むかわり》とす」(大化三年是歳条)と記されている。このように金春秋を、明白に人質として扱っている。「質」は「ムカハリ」であり、人質として派遣されてきたのである。当時の外交関係は、新羅が倭国に従属するような関係であった。

「任那の調」とは何か

一方の「任那の調」とは、いったい何だろうか。『書紀』で使われる「調」の用語には、二つの意味がある。一つは新羅・百済や任那等の蕃国(朝貢国)と、列島内では「東国」から出される「調」である。二つ目は、主に列島内の租税(公租公課)である租・調庸等の「調」である。

さて、「任那の調」はいうまでもなく前者に属する。そして任那が、ヤマト王権の朝貢国である証を示す。ただし、任那が滅亡してからは、任那地域を領有している国が「調」を差し出すことになる。

朝貢国の「調」は、「金《こがね》・銀《しろかね》・彩色《うるわしきいろ》、及《およ》び綾《あやきぬ》・羅《うすはた》・縑絹《かとりのきぬ》」などを「八十艘の船」に乗せて運ぶというものである（神功摂政前紀仲哀九年一〇月条）。記事にある品目や八十船かどうかの虚実はさておき、種類が多いのが特徴である。こうした「調」は、「任那《みまな》の所出《たてまつ》る物《もの》は、天皇の明《あきらか》に覧《みそなわ》す所なり」（大化元年七月丙子条）とあるように、天皇が「御覧」する慣わしであった。なお、当該国は「西蕃《にしのとなり》」と称される（神功摂政前紀仲哀九年一〇月条）。

すでに『書紀』敏達四年（五七五）六月条に、「新羅《しらき》、使《つかい》を遣《まだ》して調《みつき》進《たてまつ》る。多《にえさ》に常《つね》の例《あと》に益《まさ》る。あはせて多多羅《たたら》・須奈羅《すなら》・和陀《わだ》・発鬼《ほつき》、四つの邑《むら》の調を進る」とある。多多羅・須奈羅・和陀・発鬼は、任那（加耶）地域の邑であり、「邑」という地域単位からの貢進である。「任那の調」は、この敏達四年ないし任那滅亡の五六二年（欽明二三）から献上されていたのであろう。石上英一さんは、新羅の調は服属させた小国規模の領域を単位とした賦課制度であり、任那地域の調が倭国に振り向けられたと捉えている（「古代における日本の税制と新羅の税制」）。

こうした事実は、鬼頭清明さんが指摘したように、倭国が任那からの「貢納受領権」を保持していたことを示すと考えていいだろう（『日本古代国家の形成と東アジア』）。わかりやすくいえば、「任那の調」とは倭国が任那からの朝貢品を受け取る権限であり、任那が蕃国の地位にあることから生じる制度である。このように「調」の貢納は、「任那」が服属国であった証であり、「蕃国」扱いと裏腹の関係にある。当時の新羅は、北の高句麗・西の百済と政治的に対決しており、倭国の政治的要望を聞き入れざるをえなかったのであろう。

なお、この記事に関連して、一部に乙巳の変で古人大兄が述べたという「韓人《からひと》、鞍作臣《くらつくりのおみ》（蘇我入鹿）を殺しつ。〈韓政《からひとのまつりごと》に因《よ》りて誅《つみ》せらるるを謂ふ〉」（『書紀』皇極四年六月条）の「韓政」（『書紀』の注釈の一部）と結びつけようとする考えもある。しかし、「韓政」は「三韓の調」の献上の日に起こったことを述べたまでであろう。

「任那の調」を、新羅や百済が代納していたことは、それ以前からみえる。『書紀』推古一八年（六一〇）七月条には、「新羅《しらき》の使人《つかい》沙《さ》喙部《たくほう》奈《な》末《ま》竹世士《ちくせいし》、任那の使人（沙）喙部《たくほう》大《た》舎《さ》首《す》智《ち》買《ばい》と、筑《つく》紫《し》に到る」とある。「使人沙喙部」は新羅の六部のうちの一つ、「大舎」は新羅の官位（一七階の第一二位）であり、旧任那地域が新羅の支配下にあることを示す。そうした「任那の使人」を使って、「任那の調」を納めていたのである。

一方の百済は、大化元年七月条に「高麗《こま》・百済《くだら》・新羅《しらき》、並《ならび》に使《つかい》を遣《まだ》して調《みつき》進《たてまつ》る。百済の調の使、任那《みまな》の使《つかい》を兼領《あずか》りて、任那の調を進る」とあり、百済使が兼務して「任那の調」を献上していた。任那地域に対する新羅・百済の「分割支配」のため、任那の象徴的地域を領有する国が代納していたのであろうか。

こうした調は、王権にとっては特別な意味をもつ。歴史的にみれば、乙巳の変が挙行されたのは三韓(百済・新羅・高句麗)からの進調の日、また崇峻天皇の暗殺は「東国の調」の献上の日であった。「調」を献上する儀式には、天皇が臨席する慣わしであり、これは被朝貢国の国王の務めであった。

そもそも倭国王が「治天下の王」として振る舞うのは、「天下《あめのした》を治《し》らしめす」ことであり、それは蕃国支配と列島内の夷狄支配を前提とするものであった。また天皇号の成立以降は、同じように「宇内《あめのした》を御《しらしめ》す」存在であった。

とどのつまり、「任那の調」の廃止は、滅びた任那(加耶、加羅諸国)の蕃国扱いを停止することを意味するのであった。その代償として、新羅から人質を差し出させ、新たな服属のかたちの外交政策を創ることになった。改新期には、こうした対半島政策の大転換が行なわれたのである。

渟足柵と磐舟柵

一方、列島内において北方の蝦夷に対する征討活動が活発化するのも、大化改新の特徴である。『書紀』には日本海側の蝦夷征討として、大化三年(六四七)是歳条に「渟足柵《ぬたりのき》を造《つく》りて、柵戸《きのへ》を置《お》く」、同四年是歳条に「磐舟柵《いわふねのき》を治《つく》りて、蝦夷《えみし》に備《そな》ふ。遂《つい》に越《こし》と信濃《しなの》との民《おおみたから》を選《えら》びて、始《はじ》めて柵戸《きのへ》に置く」と書かれている。渟足柵は奈良時代では越後国沼垂《ぬたり》郡沼垂郷の地で、今の新潟市東区の阿賀野《あがの》川河口周辺といわれる。また磐舟柵は越後国磐船郡、今の新潟県村上市岩船の周辺の地であろう（図2-8）。ただし、両者とも遺跡は、懸命の探求にもかかわらず今のところ不明である。見つかれば官衙遺跡であると思われるが、今後の発見をまたねばならない。

渟足柵については、斉明四年（六五八）七月甲申条に、渟足の柵造《きのみやつこ》大伴君稲積《おおとものきみいなつみ》を叙位する記事がある。この時期まで、渟足柵には役職の「柵造」が存在したことになる。おそらく渟足柵のまま、支配を続けていた結果であろう。渟足評は、まだ設置されていなかったと見た方がいい。

こうした柵は、大化四年是歳条に「蝦夷に備ふ」とあるように、蝦夷対策のための軍事的施設である。その柵を守衛するのが、柵戸とよばれる移住民である。磐舟柵の場合、越と信濃から移住させたと書かれているが、渟足柵については記されていない。移住民は戸を単位として、おそらく家族単位で移動させられたのであろう。そのため柵戸と呼ばれたのである。地理的にみて、磐舟柵が前線基地であり、渟足柵は後方の支援基地と指摘されている。

なお、日本海側で直接的な蝦夷征討が行なわれるのは、次の斉明朝である。六五八（斉明

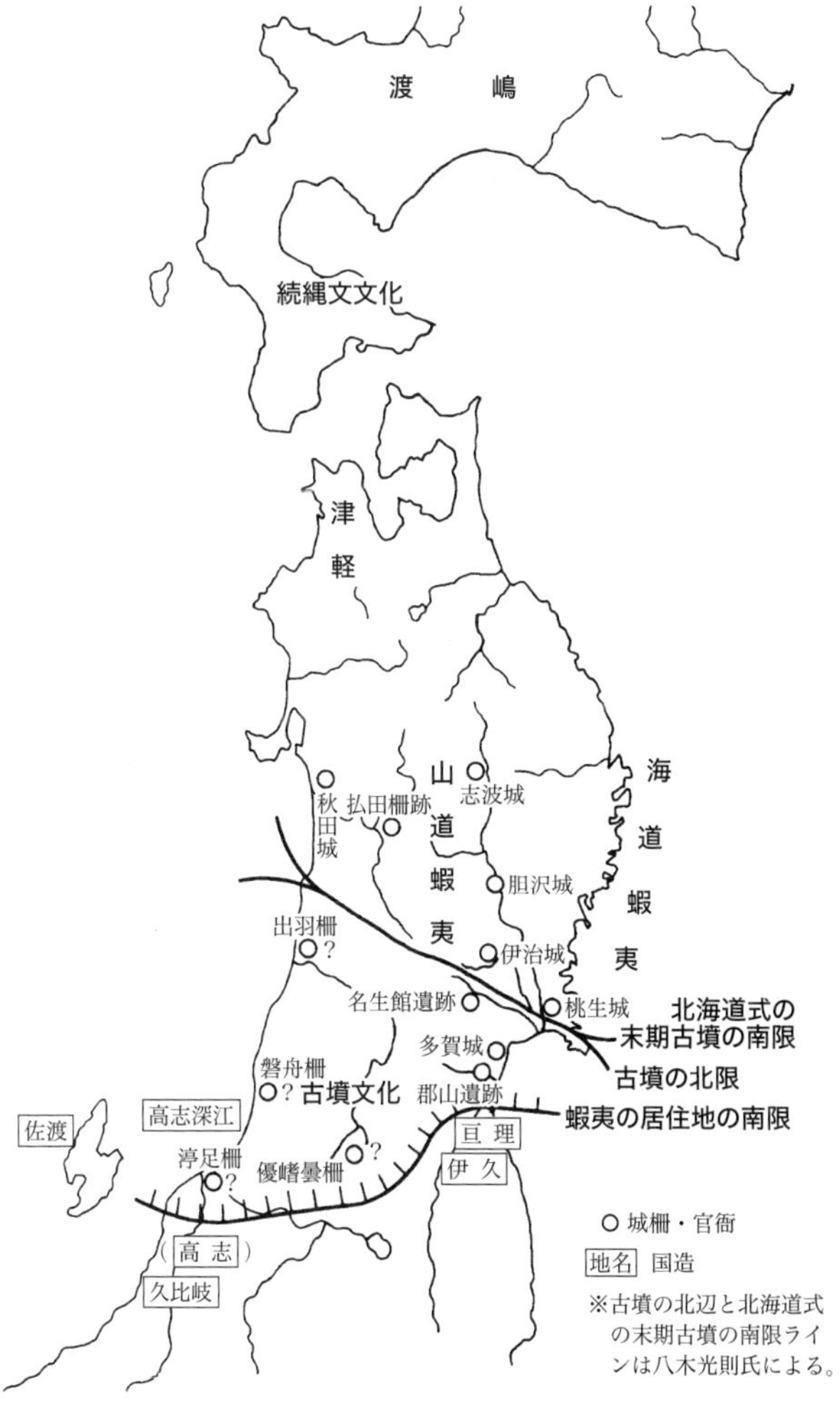

図 2-8　東北地図，淳足柵・磐舟柵と郡山遺跡

四)・五九・六〇年に、阿倍比羅夫によって三回の北征が行なわれ、北海道の渡嶋《わたりしま》(現、渡島《おしま》半島)まで及んだ。そのありさまは、『書紀』に詳しく記述されているが、功績が大きかった阿倍氏の家記に基づくものである。

郡山遺跡

このように日本海側の蝦夷征討については、『書紀』の記事で年次がわかる。ところが、不思議なことに、太平洋側に関しては城柵の設置記事が何もない。『書紀』編纂にあたって、日本海側の蝦夷征討には何らかの記録があったのであるが(坂本太郎「日本書紀と蝦夷」)、太平洋側の征討活動には記録が残されていなかったのだろう。その理由は、今となっては不明としかいいようがない。だがまったく不明かといえば、必ずしもそうでもない。この時期の遺跡が、発掘されているからである。

その遺跡の名前は、郡山《こおりやま》遺跡である。仙台市の南東部の太白《たいはく》区郡山に位置する東西八〇〇メートル、南北九〇〇メートルに及ぶ遺跡である。北東に流れる広瀬川と南を流れる名取《なとり》川が遺跡の南東で合流し、太平洋に流れていく地帯である。この遺跡では、七世紀半ば〜末葉のI期官衙と、七世紀末〜八世紀前葉のII期官衙という二時期の官衙が存在している(図2-9、2-

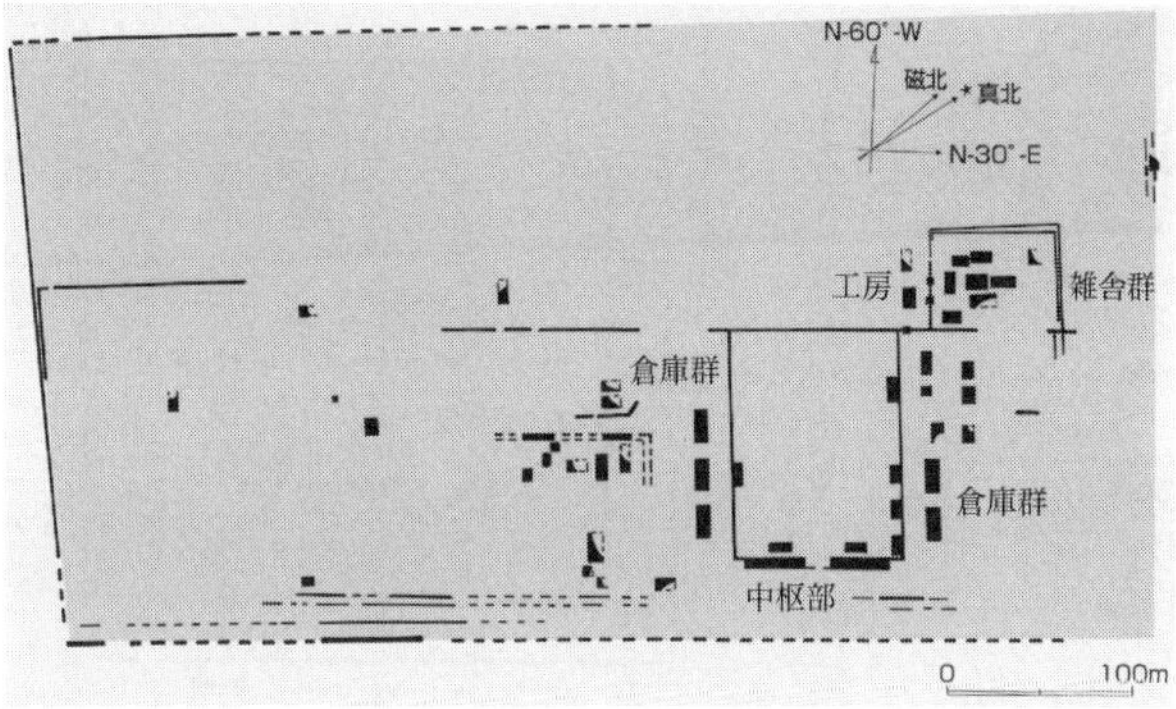

図 2-9　郡山遺跡 I 期官衙

10)。

このI期官衙が取り壊されて、真北を基準にする方四町のII期官衙が建設された。この施設は、浄御原令ないし大宝令の施行にともなって造られたと思われ、陸奥《むつ》国の国府という(『郡山遺跡発掘調査報告書——総括編(1)』)。考古学による発掘調査の研究成果であり、当然のこととして事実関係は尊重しなければならない。

ここで問題になるのは、I期官衙である。七世紀半ばから末葉と推定されているが、(1)城柵ないし官衙の設置と、移住民と船団による北征、(2)蝦夷の地域に政治的施設の設置、(3)I期官衙が城柵の条件を備えていること、(4)七世紀後半に中央の派遣官が駐在しており、畿内産土《は》師器《じき》が出土している、という特徴が指摘されている。その結果、I期官衙は渟足柵・磐舟柵に対応した城柵と位置づけられている(今泉隆雄『古代国家の東北辺境支配』)。

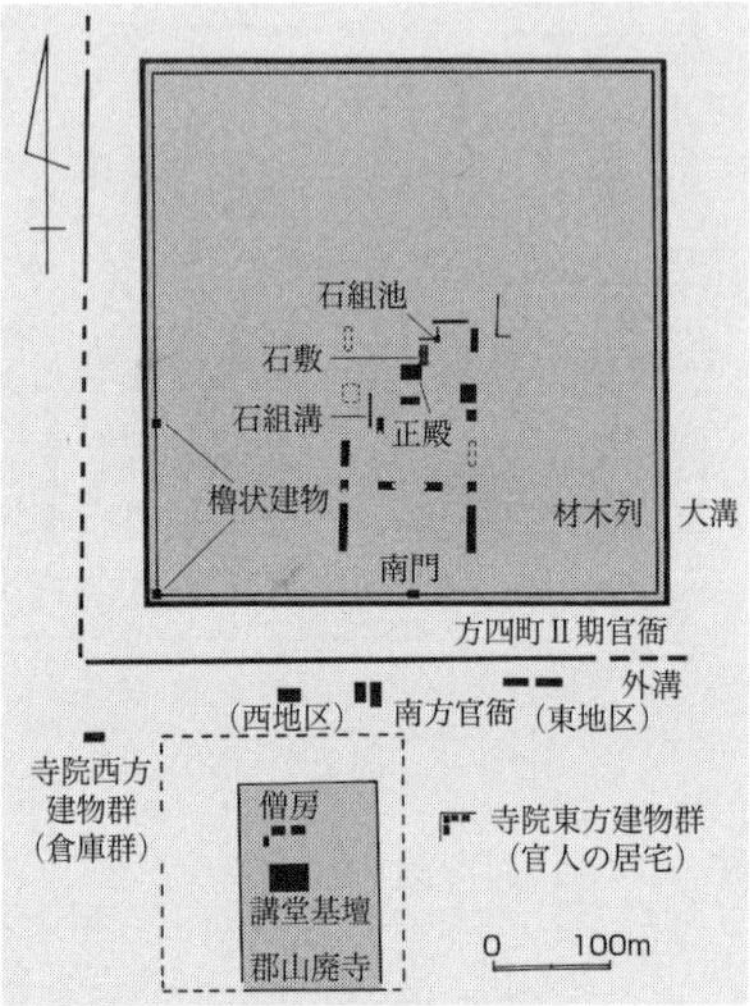

図2-10　郡山遺跡Ⅱ期官衙

以上のように、Ⅰ期官衙はヤマト王権から派遣された官人が駐在する国家的施設であり、渟足柵・磐舟柵のような城柵であることが想定されている。つまり、中央政府の命令に基づく国家事業として蝦夷征討をにらんだ城柵の建設が、日本海側と太平洋側において同時に企画されていたことになる。「東国国司の詔」に蝦夷と接する地域の武器保管が問題にされているが、『書紀』による渟足柵・磐舟柵の設置と、郡山遺跡に対する考古学的発掘調査の結果、これが孝徳朝の事実であることがほぼ確かめられるのである。

『書紀』斉明五年(六五九)三月是月条に、蝦夷征討の成果によって、「越《こし》の国司《くにのみこともち》(阿倍比羅夫)」とともに「道奥《みちのく》(陸奥)の国司」が叙位されている。阿倍比羅夫の征討活動は『書紀』に記述されているが、「陸奥国司」の記載はない。しかし、日本海側の比羅夫と同時期に太平洋側でも蝦夷征討が行なわれていたとすれば、この報償は当然の結果であろう（熊谷公男「阿倍比羅夫北征記事に関する基礎的考察」）。

しかも、この年は遣唐使が「道奥《みちのく》の蝦夷男女二人」を帯同している。この陸奥の蝦夷も、太平洋側の陸奥の蝦夷征討の捕虜であろう。こうした『書紀』の記述からも、日本海側と太平洋側で蝦夷征討が一体的に行なわれたことがわかる。この太平洋側の蝦夷征討の拠点となったのが郡山遺跡であった可能性は高いといわねばなるまい。

三　社会習俗の「文明開化」

1 「愚俗の改廃」と婚姻習俗

愚俗とは

大化改新とは、支配者にとっては権力の集中をはかることであり、民衆を公民身分に編成すること（公民制の創出）であった。そして公民制の創出は、支配される民衆にとっても、改新詔（原詔）をはじめとする新たな統治方針を通じて、政治的課題を突きつけられることに他ならなかった。その一つに、社会生活の変革を迫られる政策もあった。

ここで取りあげる『日本書紀』大化二年（六四六）三月甲申詔は、全体として⑴大化の薄葬令、⑵愚俗（旧俗）の改廃、⑶市《いち》の管理、⑷魚酒《ぎょしゅ》型労働の禁止、という四項目から構成されている。その⑵が、「旧俗の廃止」とも呼ばれる政策である。当時の甲申詔が、『書紀』に記載されているように、一括して出されたかどうかは不明である。ただし少なくとも、⑵は「愚俗」としてまとめて出されたのであろう。この詔は、『書紀』には珍しく、当時の民衆生活が示されている貴重な史料である。

さて、「愚俗」の言葉は、⑴と⑵に記されている。⑴の文章は『魏志』からの引用であり、

「愚俗」には「ヲロカ」「ヒト」の古訓点がある。両者とも文意では「愚か人」のことになるが、ここでは「愚か人の世俗」の意味で使用したい。

(2)には一般的な訓戒も含まれている。冒頭の①と②である。最初に、その条文を掲げてみよう。

①また、見《み》て見ずと言《い》ひ、見ずして見たりと言ひ、聞《き》きて聞かずと言ひ、聞かずして聞きたりと言ふもの有《あ》り。都《かつ》て正《まさ》しく語《かた》り正しく見るところ無《な》くして、巧《たくみ》に詐《いつわ》る者多《ものおお》し。

②また、奴《おのこやっこ》婢《めのこやっこ》有《あ》りて、主《あろじ》の貧《まず》しく困《たしな》めるを欺《あざむ》きて、自《みずか》ら勢家《とめるいえ》に託《つ》きて、活《わたらい》を求《もと》む。勢家《とめるいえ》、よりて強《あながち》に留《とど》め買《か》ひて、本主《もとのあろじ》に送らざる者多し。

①は詐りの言葉への道徳的な訓戒(a)、②は奴婢が貧窮の家から権勢家へ移住することを禁じた条項(b)である。いずれも孝徳期に起こった特別な出来事とはかぎらない。問題となるのは、これから述べる③〜⑦における婚姻習俗への禁制法令(c)と、⑧〜⑪の祓除《はらえ》に関わる習俗の禁止(d)、そして、⑫の上京時に使用する馬の飼養規制(e)という三項目である。なかでも(c)と(d)が当時の民衆と社会との関わりについて、かなり具体的な様子を描いている。

本章ではまずここを読み解くことで、当時の社会のあり方に迫ってみたい。

婚姻習俗と離婚

最初に、婚姻習俗について取りあげるが、実はこのなかには現代人には理解できない内容が多い。たとえば最初の③には、

③また、妻《め》妾《おみな》有りて、夫《おうと》の為に放《す》てらるる日《ひ》に、年《とし》を経《へ》て後《のち》に、他《ひと》に適《とつ》ぐは恒《つね》の理《ことわり》なり。しかるを此の前夫《もとのおうと》、三四年の後《のち》に、後夫《いまのおうと》の財物《たからもの》を貪《むさぼ》り求《もと》めて、己《おの》が利《くほさ》とする者、甚《はなは》だ衆《おお》し。

と、書かれている。今日では明らかな犯罪行為かと思われるが、財物を要求できる理由がわからない。まずは、それぞれ考えていこう。

③の要旨は、夫に離婚させられた妻・妾が年を経て再婚した際、その後夫に対して、前夫が財物を貪り求めるということである。これを禁止するのが、法令の趣旨。結論を急ぐ前に、文章の中身を解いていこう。

「夫の為に放てらるる」ということは、夫が妻を棄てること。しかし、当時の結婚のあり方が、「妻を棄てる」という形態であったかどうか、学界には異論がある。当時の結婚は男が女のもとに通い、固く結ばれて子どもが生まれる頃になると、妻方ないし夫方へ居住して、あるいは独立して新居を設けて住むことが多い。いわゆる「妻問婚《つまどいこん》」である。結婚したからといって、自らの生まれた宗族を離れて相手方の宗族に入るということはなく（その場合は「嫁入婚《よめいりこん》」という）、自らの宗族にとどまる。

「ツマドヒ」とは、「求婚や婚姻のための訪問」をいい、「おおむね男から女へなされるが、その逆の例もわずかにある」という（寺田恵子「つまどひ（妻問、嬬問）」）。こうした「妻問婚」を南方系文化の婚姻とし、北方系文化の「嫁入婚」も存在したとする説もある（江守五夫「婚姻形態と習俗」）。甲申詔は、文章表現からみれば嫁入婚説の方が理解しやすい。しかし、矛盾するようであるが、その中身自体は妻問婚説の方がわかりやすい。そのため、妻問婚の立場から説明を加えていきたい。

妻問婚では、「妻を棄てる」とは、男が女のもとに通わなくなったことを意味する。あるいは、すでに新居に移っていたとすれば、男が女を離す（棄てる）、つまり新居から追い出すことになる。いずれにせよ、夫の意思で離婚に至ったことを述べている。

その女性が、年を経て他の男と再婚する。この女性の行動は、「恒の理」とされている。これは、現在でも同じであろう。問題は、その後の前夫の行動である。前夫が、三、四年後に前妻の後夫に対して、財物を貪り求めて、本人の利益とする者が多いというのである。なぜ一方的に離婚した前夫に、こうした財物の取得が可能になるのだろうか。

この謎を解き明かす前に、念のため、「妻・妾」の語について考えておきたい。これは律令用語であり、その区分が七世紀中葉までさかのぼるかどうか疑問が出されているからである。「妻・妾」の語は、中国においては明確に区別されている。正規の配偶者が「妻」であり、妻を二人以上もつことは許されない。その一方、閨房《けいぼう》(寝室)の伴侶が「妾」であり、人数の制限はない。妻と異なって宗族へは帰属しないが、一種の家族的な身分であり、秘密裏に性的関係をもつ女性(その行為は「姦通」)とは区別されている。したがって制度的には、一夫一妻多妾制となる(滋賀秀三『中国家族法の原理』)。中国法を受け継いだ日本律令では、妻・妾の語は中国的な用法で使われている。

一方、古代日本では「ツマ」の言葉は、結婚相手のことであり、男・女ともに使用する。つまり、「夫」と「妻」の両方が「ツマ」にあたる。女性の配偶者は、「コナミ」が最初からの配偶者、本妻(嫡妻)となる。そして、「ウハナリ」が、後にめとった配偶者。辞書では「第二夫人や妾などをいうことが多い」(『岩波古語辞典』補訂版)と書かれている。「第二夫人」とは、二人目の妻のことだろうか。

古代の法律書のなかで、比較的古代の実態を示すといわれる『令集解』の「古記(大宝令注釈書)」には、「此間(この。日本令の)妾と妻は同体なり」と記されている(戸令殴《おう》妻《さい》祖《そ》父《ふ》母《ぼ》条)。日本では、妾と妻とは厳密に区別されていなかった可能性が高い。

しかし、問題になる詔では、妻・妾を問わずということなので、問題にはならない。改めて謎に戻ると、ここで考えたいのは、これまでの研究で「難解」とされてきた、離婚した前夫が後夫に財物を要求できる根拠である。

離婚と財物の要求

この謎を解くカギは、(a)の他の条文のなかにある。まずは、④の全文を掲げよう。

④また、勢《いきおい》を恃《たの》む男《おのこ》有りて、浪《みだり》に他《ひと》の女《むすめ》に要《ことむす》びて、未《いま》だ納《むか》へざる際《あいだ》に、女自《みずか》らに人に適《とつ》げらば、其《か》の浪《みだり》に要《ことむす》びし者、嗔《いか》りて両《ふた》つの家《いえ》の財物《たからもの》を求《もと》めて、己《おの》が利《くほさ》とする者、甚《はなは》だ衆《おお》し。

この条項も、今日からみると理解しがたい。力(勢)のある男が、みだりに女性と「コトムスビ(約束する。契りを結ぶ)」したにもかかわらず、まだ女性を家に迎えない間に、女性が他の男と結婚すれば、この男が怒って両家に財物を要求し、本人の利益にする者が多いという内容だ。

ここにも、中国風の表現がある。最初に「適《とつ》ぐ」について、説明し考えたい。「適ぐ」の語が「男と女の性的関係」という意味あいならば、問題はない。しかし『書紀』に「妾《やつこ》(私の意味)、性《ひととなり》交接《とつぎ》の道を欲《おも》はず」(景行四年二月条)とあり、ここでは結婚することである。「嫁(適)ぐ」の意味は、嫁入婚説では理解できるが、妻問婚説では「嫁入り」はありえない。

また、「未だ納へざる際」の表現も、嫁入婚説では文章のまま理解できるが、妻問婚説では「男が女のもとに通わなくなる」とか、「新居に住まう以前の時期」を意味するだろう。いずれにせよ、その女性は新たな男と結婚する。当時を再現すれば、女性が新たな男と仲睦まじくなることを意味しよう。そうであった時、以前に契った男が両家に財物を要求し、取得するという。ここでも、財物を要求する理由が問題となる。

この条文では、「要(ことむすび)」という語が使われている。ここに何か理由がありそうだ。そのため、財物要求の根拠として、「コトムスビ」に注目したい。これまでの解釈では、「約束を取り決める、結ぶ意」(新編日本古典文学全集『日本書紀』3)となる。つまり「契り」のことである。

結婚と契り

結婚に際する契りは、当時どのように行なわれたのだろうか。いくつかの史料から考えてみたい。

「常陸国風土記」筑波郡条に、「俗《くにひと》の諺《ことわざ》(地域の言い伝え)にいはく、筑波峯《つくはね》の会《つどい》(集い)に娉《つまどい》の財《たから》を得ざれば、児女《むすめ》とせず(一人前の娘としない)」と記されている。地域の風習といわれているので、貴重な史料である。「娉財《へいざい》」は、戸婚律許嫁女《きょかじょ》輒《ちょうぶ》悔条に存在する日本律の用語であり、本来の意味では、結婚に際して男が女の家に納める財貨である。条文には「酒食に非ず」とあり、酒食は財とされていない。しかしながら、「常陸国風土記」にある「娉財」は、実態は筑波山の歌垣《うたがき》(男女が集まって歌のやりとりをし、求婚する場)にともなう「ツマドヒノタカラ」であろう。家に納めたというより、催しの際に男から女に渡される求愛のしるしである。

筑波山の事例のほか、『古事記』にも男が女性に対し契りの物を贈った形跡がみえる。そこでは、雄略天皇が結婚したい若日下部《わかくさかべ》王に対し、「是の物は、今日道に得《え》つる奇《あや》しき(珍しい)物。故《かれ》、都麻杼比《つまどい》の物」(雄略段)というくだりがある。「都麻杼比」は仮借(漢字かな)で表記されており、その「物」は「ツマドヒノタカラ」を意味する。古代の「妻問婚」にふさわしい日本語であり、古くからあった妻問婚に伴う習俗の一部である。特に歌垣に限定する必要はない。

また、『日本霊異記』にも類似の話がある。大富家の容姿端麗の女性に対し、男が求愛して女性のもとに通い、「彩帛《しみのきぬ》（染めた絹布）」を送ったとみえる（中巻第三三縁）。仏教説話集である『霊異記』の結末では、女性は鬼のようなものに食われてしまうが、こうした求婚にあたり、品物を送っていたことがわかる。これもやはりツマドヒノタカラであろう。古代の求婚は、必ずツマドヒノタカラを与える契りから始まったということではないかもしれない。しかし、求婚の習慣として契りが行なわれ、その契りにおいて贈り物の授受が果たす機能があったことは否定できないだろう。

一方、女性の側からも、男に対して「物」が贈られている。安康天皇が、弟の大泊瀬《おおはつせ》皇子（後の雄略天皇）を大草香《おおくさか》皇子の妹・幡梭《はたび》皇女と結婚させるため、使者を遣わして大草香皇子に申し入れた。その際、大草香皇子は「願《ねが》はくは、物《もの》（押木珠縵《おしきのたまかずら》）軽《かろ》く賤《いや》しと雖《いえど》も、納《おさ》めたまひて信契《しるし》としたまへ」（『書紀』安康元年二月条）と応えた。この押木珠縵が、幡梭皇女と大泊瀬皇子の「信契（婚約の証）」となっている。『書紀』の物語では別の展開を見せるが、契りであることはまちがいない。

また、求婚中の男に対して「衣服」などの「もの」が贈られていた。契りと直接関係するかどうかは不明だが、万葉歌も見ておこう。

我妹子《わぎもこ》が下《した》にも着よと贈りたる衣《ころも》の紐《ひも》を我《あれ》解かめやも
（『万葉集』三五八五）
（あなたが肌に着けなさいと贈ってくれた衣の紐を私はひも解くことはありませんよ）

この歌詞は、女性から下着（肌着）を贈られた男が、肌着を離さないことを伝えている。これだけだと単なる贈答品の可能性もあるが、肌着の贈り物をもらえば、肌着が女性と男を結びつける要因となる。さらに、次の万葉歌の歌詞、

商返《あきかへ》し領為《ゆるせ》との御法《みのり》あらばこそ我《あ》が下衣《したごろも》返し賜《たま》はめ
（『万葉集』三八〇九）
（商いの取り消しを許すという法令があるとしたら、私が贈った下衣をお返し下さっても良いでしょうが）

に注目したい。この歌には左注があって、歌の制作意図が説かれている。

右は、伝《でん》に云《いわ》く、「時に幸《こう》せられし娘子《おとめ》有りき。〈姓名未《せいめいいま》だ詳《つまび》らかならず〉寵《さいわい》薄《うす》らぎて後《のち》に、寄物《きぶつ》〈俗《ぞく》に「かたみ」と云《い》ふ〉を還《かえ》し賜《たま》はりき。ここに娘子怨恨《おとめえんこん》して、聊《いささ》かにこの歌を作りて献上《けんじょう》しき」といふ。

左注によれば、男側から寵愛された（幸せられし）女性（娘子。姓名未詳）がいた。その寵愛が薄れてきた後に、男から、女性が贈った「寄物」を返してきた。そのため、女は男を恨んで、ともかくも歌を作って差しあげたという話である。その際、「商返し（商いの取り消し）」を許すという法令があれば、送り返されても良いのでしょうが、と歌ったのである。つまり、商返しを許さないという法令があるのに、返すのは許しがたいという意味になる。

この肌着（下着、下衣）のやりとりをみていると、愛がなくなって結婚生活を解消した際、贈られた物を返すことが必要だったことになる。肌着の授受は、契りのしるしではなく、たとえ贈答品であったとしても、離縁に際しては返さねばならなかった。これが契り品であれば、なおさら返却する必要があったことはいうまでもなかろう。

婚姻儀礼と契り

このように求愛や婚約に際し、契りと物の贈答が行なわれていた。それとともに、婚姻儀礼が行なわれたことが、『古事記』『書紀』に記されている。「百取《ももとり》の机代《つくえしろ》の物」といわれる飲食の提供である。

『書紀』神代に、高天原から日向に降臨した天孫の天津彦彦火瓊瓊杵《あまつひこひこほのににぎ》（ホノニニギ）は、国主の事勝国勝長狭《ことかつくにかつながさ》と話し、宮を立てた。ホノニニギは海浜で出会った大山祇神《おおやまつみ》の娘神吾田鹿葦津姫《かむあたかしつひめ》に求愛したが、娘は父大山祇神の返事を求めた。大山祇神は、ホノニニギに本人と姉の磐長姫《いわながひめ》を差しだし、「百机《ももとりのつくえ》飲食《もの》」（第九段一書第二）を献上した。この箇所、『古事記』では、「其の姉石長比売《いわながひめ》を副《そ》へ、百取《ももとり》の机代《つくえしろ》の物を持たしめて、奉《たてまつ》り出《いだ》しき」と記されている。女性の側から、「百取の机代の物」が提供され、婚礼の饗宴が行なわれたのである。

このように女性側からは、結婚の約束後に肌着類が贈られ、儀礼として「百取の机代の物」が提供された。こうしたプロセスで婚礼となるが、その間は相手の性的関係を拘束し、独占することになる。結婚の約束を解消するには、肌着を返す必要があったように、物を返却する必要が生じる。

ここから考えると、先にあげた④の場合は、男側の女に対する結婚の「コトムスビ（契り）」

の関係が継続しているものの、まだ結婚生活には至らなかった。しかし、結婚の契りが有効なため、その約束が解消されていない。そのため、男側は相手の女性と、その新しい結婚相手とに対し、契り違反として財物を要求しているのではなかろうか。求愛における男と女の契りが、女性の性的関係を拘束し、違反した女性側に対する財物請求につながっていたのである。

③の場合は④と異なって、すでに結婚した女性である。その女性が夫に棄てられた。妻問婚説では、男(前夫)が女性のもとに通わなくなったことに、嫁入婚説では、男の意思で離婚したことになる。その後新たな男(後夫)が、女のもとに通い始め、三、四年が経ち、おそらく独立して二人が住むようになったか、子どもが生まれてもおかしくない時期である。前夫が、後夫に財物を要求して利益にするという。妻問婚説では、夫が通わなくなった時にも、婚姻の契りがなくなったわけではないから、新たな契りが成立したとしても、前の約束の解消として財物の返還を求めることになる。こちらの立場の方が説明しやすい。嫁入婚説でこの行為を考えると、妻を棄てたにもかかわらず、いまだ契りが解消していなかったと想定しなければならない。ややや難しい説明となる。

以上のように、結婚に際しての「契り」が相手の性関係を拘束することになり、契りが解消していない場合、その代償として財物を要求できることになる。このような考え方でいけば、孝徳政権はこうした財物要求を禁止し、契りによる性関係の拘束を中止させたことになる。

さて、こうした契り(コトムスビ)と関係するのが、⑥の「コトサカ」ではなかろうか。その条項は、次の通りである。

⑥また、妻《め》の為《ため》に、嫌《きら》はれ離《はな》たれし者有りて、ひとり悩《なや》まさるるを慙愧《はぢ》づるに由《よ》りて、強《あながち》に事瑕《ことさか》の婢《めのこやっこ》とす。〈事瑕、此《これ》をば居騰作柯《ことさか》と云ふ〉

文中の「ことさかの婢」の意味については、必ずしも確定した解釈がない。「コトサカ」とは、「関係をさく意。離縁。コトは言、また事。サカは離(さか)るの語根」(日本古典文学大系『日本書紀』神代第五段一書第一〇頭注)といわれる。

文章上は、男が(妻を)「事瑕の婢」としたと書かれているので、その女性と考えるのが自然であろう。ただし、いくら女性に嫌われたからといって、婢にすることができるのであろうか。当然の疑問である。折口信夫は、「自分の婢を贖罪の為に、夫に進め与へた」(「古風の婚礼」)と、女性当人ではなく女性所有の婢と解釈している。意味は通りやすくなったが、文章構造からみると、文章を補って解釈している。このように「ことさかの婢」の解釈は難しい。

一方、「コトサカ」を「コトムスビ」の反対語として考え、「約束(契約)違反」と理解する考えも出されている(吉田晶『日本古代村落史序説』)。つまり、単なる離縁だけではなく、奴婢身分への変更を伴う離婚と解釈する。この説では、男が女性と契って結婚したが、女性に嫌われて離婚する羽目になる。妻問婚説では、女性のもとに通わなくなり、そのあげくに、女性を「契り違反の婢」にしたことになる。結婚に際する契りは、祓除(後述)や財物要求のレベルを超えて、時には身分変更もできるという説である。文章の読み方としてはすっきりするが、少し納得しづらい説でもある。

婚姻への妬みと祓除

こうした契りや婚礼のほか、再婚などに際して「妬み」も存在した。それが次の条文である。

⑤また、夫《おうと》を亡《うしな》へる婦《め》有《あ》りて、若《も》しは十年、二十年を経《へ》て、人に適《とつ》ぎて婦《め》と為《な》り、あはせて、未だ嫁《とつ》がざる女《むすめ》、始《はじ》めて人に適《とつ》ぐ時《とき》に、是《ここ》に、斯《こ》の夫婦《おうとめ》を妬《ねた》みて、祓除《はらえ》せしむること多《おお》し。

これは、夫との死別者（寡婦）と、初婚の事例である。前者は、すでに夫がいないので、③や④の例とは異なっている。しかも、一〇年、二〇年ということなので、当時としても相当な時間が経過したことになる。後者は、初婚ではあるが、晩婚ということだろうか。こうした夫婦に対し、「妬み」が発生して、祓除を要求するという。

この祓除について、『書紀』の注解はどのように記しているだろうか。日本古典文学大系本は「もと、罪の災気を除くための呪術をさし、のち転じて、その呪術の料物を犯罪者にだささせること、また罰金を科することをいう」、新編日本古典文学全集本は「自分勝手に妬んでいるのに、妬みを起させた者を犯罪者にしている」と注記する。いずれも再婚ないし初婚の夫婦を、犯罪者扱いとしている。こうした犯罪者扱いが、実際に起こったのであろうか。

祓除については、折口信夫が「祓への為の課税といふ事は、御前のからだは、他所の人としての穢れを落し村人として取り扱ふ為には、祓へをしなくてはならないのだ。その費用を出せ、と言ふ事である」（「古風の婚礼」）と指摘する。「課税」という言葉は適切ではないが、「村人として取り扱ふ」という視点は妥当である。

古代では、山・川辺・海浜・市など共同体（集落）と共同体が接した場で歌垣が行なわれていた。歌垣では、異集団間の男女が出会い、婚姻に発展することがあった（吉村武彦「日本古代における婚姻・集団・禁忌」）。異集団間の男女で行なわれた婚姻では、別の集団に入る場合に特別な儀礼が存在したかもしれない。そうした儀礼が、祓除として存在したことも十分想定できる。⑤の祓除については、異集団間の婚姻と考えておきたい。

このような妬みと関連する、夫婦間の嫉妬の条項も記されている。

⑦また、しばしば己《おの》が婦《め》を他《ひと》に奸《かだ》めりと嫌《うたが》ひて、好《この》みて官司《つかさ》に向《ゆ》きて、決請《ことわりもう》すこと有り。たとひ明《あきらか》なる三《みたり》の証《あかしひと》を得《う》とも、倶《とも》に顕《あらわ》し陳《もう》さしめて、然《しこう》して後《のち》に諮《もう》すべし。いかにぞ浪《みだり》に訴《うた》ふることを生《な》さむ。

これは、女性の「奸（姦通）」を疑った男が、みだりに訴えることを禁じたものである。ただし、文中にみえる「官司に決請す」など、実際にどのように行なわれたかは不明である。中央の都では、すでに六四五年（大化元）に鐘匱《かねひつ》の制が設けられていた。したがって、地方においても新設の評の「官司」や、「伴造・尊長《ひとごのかみ》」（大化元年八月庚子条）のことかもしれない。あるいは、「東国国司の詔」では「国司（使者）」による訴訟判断は禁じているが、訴えを聞くことは禁止していない。このうちのどれかであろう。夫婦の関係が円満に推移することを求めたのであろう。

なお、⑤の「祓除の請求」と、③④の「財物の要求」とは、文章も明確に異なっている。「祓除の請求」は、実際に祓除をさせる場合と、祓除のために物品を要求する場合のふた通りが考えられる。「財物の要求」とは記されていないので、実際の祓除があった可能性もあるだろう。いずれにせよ、両者が区別されていることに注意したい。

このように孝徳政権は、婚姻に関係する財物要求を禁止し、契りによる相手への性的拘束を止めさせようとしたのである。

2　祓除の禁止と薄葬令

祓除の強要

前節で祓除請求の例をみたが、甲申詔の、愚俗の改廃に関するなかには、祓除の禁止もある。たとえば⑧は「役《つか》はるる辺畔《ほとりのくに》の民《おおみたから》有り、事了《ことおわ》りて郷《くに》に還《かえ》る日に、忽然《にわか》に得疾《やまい》して、路頭《みちのほとり》に臥死《し》ぬ」という、故郷へ帰る際の病死者の問題である。死者が出た場合は、「因《よ》りて死にたる者の友伴《ともがき》を留《とど》めて、強《あながち》に祓除《はらえ》せしむ」と、随伴者に祓除をさせることになる。しかも、「兄《このかみ》、路《みち》に臥死《し》ぬと雖《いうと》も、其《そ》の弟収《おととおさ》めざる者多し」とあり、たとえ兄弟であっても遺体を放置するような事態も往々にしてあった。ここでも、「強に祓除せしむ」ということで、強く祓除を求め、おそらく代償を求めるようになっている。

このように祓除を強要することは、⑨にもみえる。河に溺れ死んだ百姓を見た者が「溺れたる者の友伴《ともがき》を留《とど》めて、強に祓除せしむ」とある。⑧は病死であるが、⑨は溺死であるというだけで、祓除の論理構造は同じである。どちらも死者は役民《えきみん》(役をつとめるために地元を離れて従事していた者)であるので、集団を異にする民衆であり、死者への穢れの問題と関係しているだろう。

次の⑩は、役民が路頭で炊飯し、路頭付近の家から、「何の故か情《こころ》の任《まま》に余路《あがあたり》に炊《かし》き飯《は》む(どうして身勝手に自宅前で炊飯するのか)」といわれ、「強に祓除せしむ」例である。⑪になると、百姓が「他《ひと》に就《つ》きて甑《こしき》(米などを蒸す土器)を借りて炊《かし》き飯《は》む」。ところがその甑が、物に触れてひっくり返り、甑の所有者が祓除を要求するというもの。ともに炊飯という火を使用する人々のことであり、穢れと関係すると思われる。当時の共同体(集団)には、地域の民が別火を忌む思想が存在していたのであろう。

いずれも都へ上る交通と関係する可能性があるが、⑫も上京する者の、路次における馬の飼養を規制する内容である。これらは異集団間における習俗の問題であり、これらを是正する政策だろう。すでに述べたように、「強に祓除せしむ」ことは婚姻関係の財物強要とは区別されている。すぐに財物を要求することとは違うだろう。

改新詔において民衆に新たな賦課を決め、仕丁などとして都へ上らせる。当然のこととして、都と地域との交通を整備しておく必要がある。円滑に行なうには、これまでの異集団間に起きる祓除の強要などの習俗を禁止させねばならない。新政権にとっては、当然の措置である。こうした異集団間のトラブルを取り払わないと、民衆を王権に従属させることはできない。公民身分に編成していくうえで、必須の方法であろう。

こうした祓除も含め、政権は「此等《これら》の如《ごと》き類《たぐい》、愚俗《おろかひと》の染《なら》へる所《ところ》なり。今悉《いまことごとく》に除断《や》めて、復《ふたたび》せしむること勿《なか》れ」と禁止する。

愚俗の記事に通底する慣習

おさらいしておくと、愚俗の記事は、(a)①詐りの言葉への道徳的な訓戒、(b)②奴婢の権勢家への移住禁止、(c)③〜⑦婚姻習俗への禁制法令、(d)⑧〜⑪祓除に関わる習俗の禁止、(e)⑫上京時に使用する馬の飼養規制、という五項目になる。ここまでみてきたように、(c)と(d)が当時の民衆と社会との関わりについて、かなり具体的に述べているのが特徴である。

こうした記事のあり方については、「家父長制の上に立つ中国的、あるいは律令制的観念によって表現されている」(日本古典文学大系本、頭注)といわれている。記事の一部には律令用語がみられるが、本当にそうなのだろうか。「中国的な家父長制」という評価も、いいのだろうか。

中国の家・家族については、中国古代史研究者の堀敏一さんの研究がある。堀さんによると、中国においては「家長」はそれ自体としては権力を有しておらず、法律・道徳上で力をもったのは「尊長《そんちょう》」だったという(『中国古代の家と集落』)。しかも、中国が「家父長制の国」だという説自体が誤解だと批判する(「古代中国の家父長制」)。堀さんの研究によれば、日本古代史研究者における中国の家父長制理解については、誤解があったことになる。日本における古代中国の家父長制理解が、第一の問題点である。

なお、古代日本において、歴史学では家父長制的志向を求める説が強いが、否定的な考えや、そもそも「家」が成立していないという説もある。これについては、中世・近世的な家の制度ができていないことはまちがいないが、古代的な家は存在していた。後述するように、甲申詔の(4)において、魚酒型労働の禁止方針が出され、九世紀初めまで続く。農業生産においてはすでに個別経営が成立し、各経営の「家産」の多寡によって、農繁期の労働力編成が影響をうけている。新政権は、こうした新しい動向に否定的であり、旧来の首長制的支配の維持をはかっていた。

「律令制的観念」についても、甲申詔(2)の①〜⑫の項目は、大化の改新詔のように律令条文の引用などではない。甲申詔全体としてみれば、(1)の薄葬令の趣旨は、律令法の精神とは符合する。また、(3)の市の管理も同じである。しかし、(2)の愚俗の改廃については、律令制的な方向性につながるとはいえ、それ自体が「律令制的観念」なわけではない。むしろ、改新詔の構文のかたちとは、まったく異なっているとみなければなるまい。文章の一部に律令用語を用いながら律令法とは異なっており、当時の社会生活の一端を示していると思われる。

魚酒型労働とは

本節の最後に、甲申詔の残る(1)と(4)をみていこう。

(4)の魚酒型労働の禁止とは、「凡《おおよ》そ畿内《うちつくに》より始めて、四方《よも》の国《くに》に及《いた》るまでに、農作《なりわい》の月《つき》に当《あた》りては、早《すみやか》に田《た》営《つく》ることを務《つと》めよ。美物《いお》と酒《さけ》とを喫《くら》はしむべからず」というものである。この条文は、農繁期に早く営田(田作り)すること、美物(美味しい魚)と酒を飲食させないということ。

その具体的意味は、必ずしもそのままでは理解できない。

しかし、同趣旨の指示が、(ア)『類聚三代格』延暦九年(七九〇)四月一六日太政官符「応禁断喫田夫魚酒事」や、(イ)『日本後紀』弘仁二年(八一一)五月庚寅条などに書かれている。両者とも甲申詔からはかなり時間が経過しているが、(ア)には「凡そ魚酒を制するの状、頻年《ひんねん》行ない下すこと已に訖《おわ》んぬ」とみえ、「魚酒」提供の禁止令がしきりに出されていたことがわかる。田地の耕営に関する農耕技術などは、時代によって異なっているかもしれない。しかし、魚酒については共通した制限令が出されている。

禁止の命令が出されている時期は、三月・四月・五月(三月が苗代で、五月が田植の時期)という農繁期にあたっている。甲申詔の(4)には飲食させる人称はないが、(ア)は「田夫」、(イ)は「農人」であり、農作業に従事する人物の名称である。このほかの説話には、「田人」(『古語拾遺』)、「殖人《うえびと》」(『今昔物語』巻二六第一〇)などの名称もある。

また、飲食の名称は、(4)が「美物・酒」であるが、(ア)と(イ)には「魚酒」、そして石川県津幡《つばた》町の加茂《かも》遺跡出土「加賀郡牓示札《ぼうじふだ》」にも「魚酒」とみえる(図3-1)。魚酒の言葉は、一般的な名称だろう。なお、「牛の宍《しし》」(『古語拾遺』)や「食物」(『今昔物語』巻二六第一〇)の表現もある。これらは基本的に同じ「美物」であろう。問題は、田夫に与える飲酒の意味である。

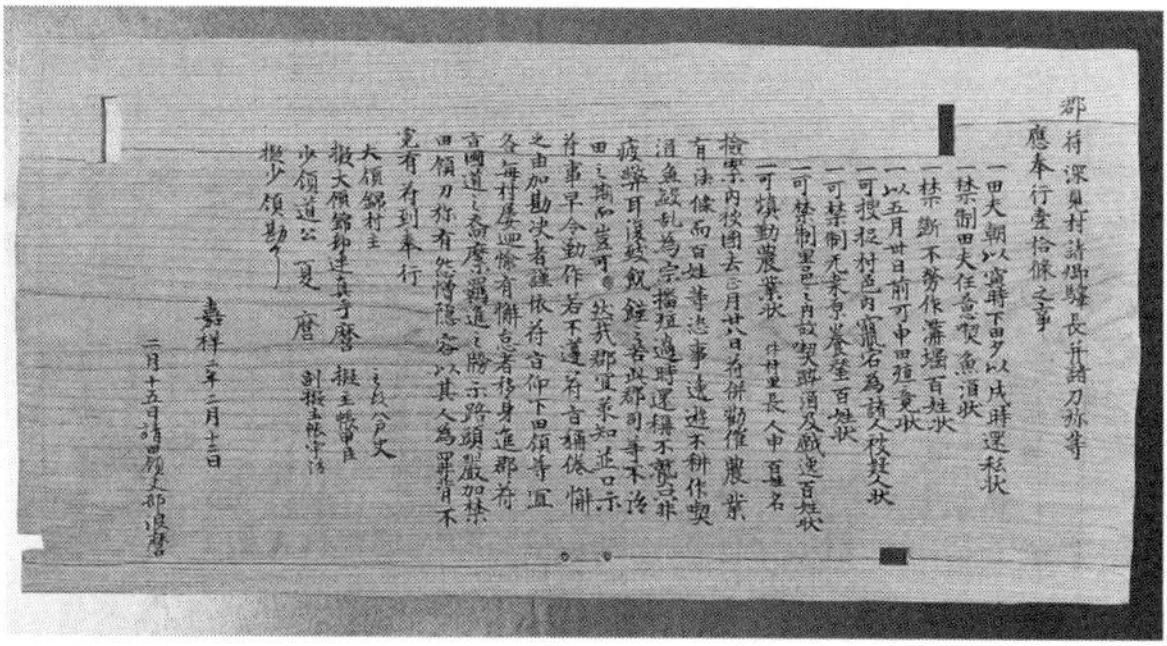

図3-1　加茂遺跡出土，加賀郡牓示札（復元複製品，石川県埋蔵文化財センター保管）

㋐の太政官符に、「殷富《いんぷ》の人多く魚酒を蓄《たくわ》へ、既に産《なり》業《わい》の就《つ》き易《やす》きを楽《ねが》ふ。貧窮の輩僅《わず》かに蔬食を弁《そな》へ、還《かえ》りて播殖の成し難きを憂《うれ》ふ。是を以て、貧富共に競《きそ》ひて己《おの》が家資を竭《つく》し、彼の田夫に喫《くら》はしむ」とある。殷富（富裕）層は魚酒の貯えが多く、農作業が容易であるが、貧窮層は貯えが少なく難しい。そのため家産を尽して田夫に酒食を出しているという。このように、飲食準備の多寡が農作業の労働力編成に大きな影響を与えていることがわかる。国家は、こうした魚酒による田夫の雇用を禁止したのである。

当時は、まだ「結（ゆい。労働力を交換して、相互に農作業を手伝う慣習）」などの慣わしがなく、共同体的な協業による農作業を指示したものであろう。ところが、実際の農業経営では、労働力編成にあたって「家産（家資）」の多寡に影響されていた。そのため、しばしば魚酒を禁止する法令が出されたのである。このように水田経営においては、共同体が行なう経営ではなく、それぞれの「殷富の人」や「貧窮の輩」による個別経営が進展していたことが読み取れる(吉村武彦『日本古代の社会と国家』)。

大化の薄葬令

さて、大化二年三月甲申詔で、最初に掲げられたのが(1)「大化の薄葬令」である。六、七世紀の前方後円墳は、奈良県橿原《かしはら》市の五条野《ごじょうの》丸山《まるやま》古墳(見瀬《みせ》丸山古墳とも。墳丘長三一〇メートル。欽明天皇陵か)を頂点として、徐々に規模が縮小していく。そして、大阪府太子町所在の敏達陵(太子西山古墳。墳丘長一一三メートル)が、天皇陵として最後の前方後円墳といわれる。ただし、太子西山古墳の比定には批判もある。その後は、方墳・八角墳へと変化していく。こうして王陵のマウンドは、七世紀半ばまでには、形が変化し規模を小さくするようになる。しかし、まだ古墳の造営は続いており、こうした最中に出されたのが薄葬令である。

「西土《もろこしのくに》の君《きみ》、其《そ》の民《たみ》を戒《いまし》めて曰《い》へらく(略)」と、中国皇帝の故事を引きながら、「このごろ、我《わ》が民《おおみたから》の貧しく絶しきこと、専《まず》墓《たくめはか》を営《つく》るに由《よ》れり。ここに其《そ》の制《のり》を陳《の》べて、尊《たか》さ卑《ひき》さ別《わき》あらしむ」と述べる。民衆の貧窮化を墓造りのせいにする一方、尊卑(身分)別に新しい基準を設けている。『書紀』に記された石室・墳丘・葬具など造墓の新基準を、身分別に図表化すれば、表3―1のようになる。

旧来の規模と比較すると、かなり縮小している。また、愚俗に通じる旧習の改定を指示し、殯《もがり》については「凡《おおよ》そ王《みこ》より以下《しもつかた》、庶民《おおみたから》に至《いた》るまでに、殯営《もがりやつく》ること得《え》ざれ」と、王以下の殯を禁じている。殯とは、死後の遺体を安置して、再生ないし鎮魂の儀礼を行なうことである。そ

表3-1　薄葬令に基づく墓の規模と装具

		王以上	上臣	下臣	大仁・小仁	大礼～小智	庶民
石室	長さ	九尺	同上	同上	九尺	同上	(なし)
	高さ	(五尺)	同上	同上	四尺	同上	(なし)
	広さ	五尺	同上	同上	四尺	同上	(なし)
墳丘	方	九尋	七尋	五尋	封土せず	同上	地に収埋
	高さ	五尋	三尋	二尋半	平らに		
役夫	人数	一〇〇〇人	五〇〇人	二五〇人	一〇〇人	五〇人	(なし)
	日数	七日	五日	三日	一日	一日	
葬具	帷帳	白布	同上	同上	同上	同上	麁布
		轜車	担って行く	(なし)	(なし)	(なし)	(なし)

の殯を禁じたうえで、

凡《おおよ》そ人死亡《し》ぬる時に、若《も》しは自《おのれ》を経《わな》きて殉《したが》ひ、或《ある》いは人を絞《くび》りて殉《したが》はしめ、強《あながち》に亡人《しにたるひと》の馬を殉《したが》はしめ、或いは亡人《しにたるひと》の為《ため》に、宝《たからもの》を墓《はか》に蔵《おさ》め、或いは亡人《しにたるひと》の為に、髪《かみ》を断《き》り股《もも》を刺《さ》して誄《しのびこと》す。此《かく》の如《ごと》き旧俗《ふるきしわざ》、一《もはら》に皆悉《みなことごとく》に断《や》めよ。

と旧俗の停止を述べる。ここでは死亡に際する人や動物の殉死、あるいは死者への副葬品、さらに招魂ないし鎮魂のための誄(しのびごと)の作法を禁止している。

そして「もし詔《みことのり》に違《たが》ひて、禁《いさ》むる所《ところ》を犯《おか》すこと有《あ》らば、必《かなら》ず其《そ》の族《やから》を罪《つみ》せむ」と厳しく禁止する。死に関係する習俗は氏族集団と関係するので、罰則は「必ず其の族を罪せむ」というように氏族に対して向けられている。

薄葬令の効果

それでは、薄葬令の規制は、実際にどのように効いたのであろうか。薄葬令は、政権を担当する支配者の葬儀も取り締まる性格を有している。その効果については、研究者の間では、正反対の意見が出されている。薄葬令が遵守されたかといえば、必ずしも守られていない。また、そもそも庶民の埋葬についてはくわしい事例はわからない。

しかしながら、大阪府茨木市・高槻市の境に所在する阿武山《あぶやま》古墳は、薄葬令に従って造られたとされる（高橋照彦「律令期葬制の成立過程」）。この古墳は、薄葬令にほぼ準拠しており、その意味では一定の効果があったことになる。しかも六五〇年（白雉元）前後の築造であり、そこから考えると、薄葬令が孝徳期に存在した可能性は高いだろう。こうした意味では、薄葬令は遵守されなかったかもしれないが、六四六年（大化二）に存在してもおかしくない。

巨視的にみれば、古墳の規模や形態で身分差を誇示するようなしくみは、その後は冠位制などに代わることになる。薄葬令の翌年の六四七年、七色十三階の冠位制が制定され、六四八年四月に古冠が廃止される。ただし、左右大臣といえども、新たな政策に従わず旧来の古冠のままにしていた。薄葬令も、同じような成り行きであった。

その後六四九年二月に、七色十三階制が一部改められ、冠位十九階が定まった。しかし、古冠にこだわっていた左右大臣も阿倍内麻呂は六四九年三月に没し、また同月に蘇我倉山田石川麻呂が讒言によって滅ぼされた。そして、ようやく新任の巨勢徳陀古《とこだこ》（徳太）に大紫《だいし》の冠位を授けて左大臣、大伴長徳にも大紫を授けて右大臣に任命できた。このように新任の就任にあたって、ようやく新冠が着けられた。旧習の制度改革の困難さを如実に語っている。

3　宮廷儀礼と歌木簡

王宮儀礼の革新

ここまでみてきたように、改新にあたり、民衆に対して、愚俗の改廃など新たな公民としての生活習慣の指針が示された。同時に薄葬令は、官人に対する葬礼の規制でもあった。大化の新政権は官人に対し、どのような振る舞いを求めたのであろうか。遷都した難波宮における、新しい政務と儀礼について、考えてみたい。

遷都後の翌六四六年(大化二)正月、「賀正礼畢《みかどおがみのことおわ》りて、すなはち改新之詔を宣《のたま》ひて」とあるように、改新詔は賀正礼《がしょうれい》の後に宣布された。賀正礼はこれが『書紀』における初見記事である。ついで翌年正月壬寅(一五日)条に「朝庭《みかど》に射《いくい》す」とみえ、正月の大射《たいしゃ》(正月中旬に群臣の射芸を天皇が観覧する年中行事)が初めて行なわれている。

そしてこの年、小郡宮において「礼法《れいほう》」が定まる。

天皇、小郡宮《おごおりのみや》に処《おわ》して、礼法《いやのり》を定《さだ》めたまふ。其《そ》の制《のり》に曰《い》はく、「凡《おおよ》そ位有《くらいたも》ちあらむ者《もの》は、要《かなら》ず寅《とら》の時に、南門《みなみのみかど》の外《と》に、左右羅列《ひだりみぎつらな》りて、日《ひ》の初《はじ》めて出《い》づるときを候《うかが》ひて、庭《おおば》に就《ゆ》きて再拝《おが》みて、すなはち庁《まつりごとどの》に侍《はべ》れ。若《も》し晩《おそ》く参《もうこ》む者《もの》は、入《まい》りて侍《はべ》ること得《え》ざれ。午《うま》の時に到《いた》るに臨《のぞ》みて、鐘《かね》を聴《き》きて罷《まか》れ。其《そ》の鐘撃《かねつ》かむ吏《つかさ》は、赤《あかいろ》の巾《ちきり》を前《まえ》に垂《た》れよ。其《そ》の鐘の台《かけもの》は、中庭《おおば》に起《た》てよ」といふ。

（『書紀』大化三年是歳条）

記事によれば、有位者は寅の時（午前三時から五時）に南門の外に参集し、日の出とともに朝庭に入り、再拝してから庁で政務を執る。遅刻者は、日の出を再拝できないので、参入できない決まりであった。そして午の時（午前一一時〜午後一時）、鐘の合図によって、門から退出した。鐘をつく官人は、中国の例にならって赤の巾を垂らしていた。

このように有位者は、午前中は王宮内で政務を行なっており、まだ宮外の曹司《そうし》（役所の建物）で執務することはなかったようだ。実際の政務のあり方はともかく、理念的には有位者は庁で政務をとることになっていた。この礼法によって、一日の政務の作法が定まった。政務の始まりは、午前四時前後に参集することであり、日の出の際の再拝が重視されたことになる。

なお、こうした勤め方は、改新に先立つ『書紀』舒明八年（六三六）七月条に、「群卿《まえつきみたち》及び百寮《つかさつかさ》、朝参《みかどまいり》すること已《すで》に懈《おこた》れり。今《いま》より以後《のち》、卯の始《うのときはじめ》(午前五時)に朝《まい》りて、巳の後《みのときのち》(午前一一時)に退《まか》でむ。因《よ》りて鍾《かね》を以て節《ととのえ》とせよ」と記されている。「朝参《ちょうざん》(みかどまいり)」とは、もともと政務に先立ち、朝庭において天皇の前で官人が朝礼することから始まったといわれる。舒明朝の記事は、敏達天皇の皇子が蘇我蝦夷に進言した記事であるが、蝦夷は従わなかったという。小郡宮の礼法は、朝参の作法を具体的に決めたものと理解することができる。

また、難波宮の朝庭における儀式は、後に「難波朝庭《なにわのみかど》の立礼」(天武一一年〈六八二〉九月壬辰条)と呼ばれている。おそらく中国式の立礼であろうが、この記事をみても、朝賀を含め孝徳朝に王宮儀礼が刷新されたことは、まちがいなかろう。難波宮では、早くから元日朝賀や仏教法会の儀場として朝庭が利用されたと思われる(西本昌弘『日本古代の王宮と儀礼』)。新たな天皇中心の政務・儀礼が開始されていたのである。

ここで思い出されるのは、唐に派遣された留学僧・学生が「其《か》の大唐国《もろこしのくに》は、法式《のり》備《そなわ》り定《さだま》れる珍《たから》の国《くに》なり」(推古三一年〈六二三〉七月条)と伝えていた事実である。権力集中のため行なわれた乙巳の変であったが、遷都後には中国的な儀礼の導入が試みられたことになる。こうした中国風の導入は、改新詔の精神とも共通するものであろう。

ただし、日本的儀礼はなかなか改定が難しかったようで、先の天武一一年九月条の勅は、

「今《いま》より以後《のち》、跪礼《ひざまつくいや》・匍匐礼《はういや》、並《ならび》に止《や》めよ。更に難波朝庭《なにわのみかど》の立礼《たついや》を用ゐよ」とするものだった。跪礼《きれい》とは、ひざまずいて、両手を地に付けて行なう礼であり、『魏志』倭人伝にも出てくる古来の礼法である。また、匍匐礼《ほふくれい》は王宮の門の出入にあたり、足をかがめて進む礼である。しかし、八世紀初めにも禁止令が出ているので（『続日本紀』慶雲元年〈七〇四〉正月辛亥条等）、なかなか改まらなかったとみえる。

なお、斉明天皇以降は王宮が飛鳥に戻ったため、禁止令がでた時は飛鳥浄御原宮であった。飛鳥においては、古い宮廷儀礼に戻っていたのであろう。革新的な難波宮に匹敵する王宮が建設されるのは、飛鳥の次の藤原宮となる。その藤原宮・京は、浄御原令に基づいて構想された王宮である。難波宮は、その後の王宮の基礎を築いたといわれるが、一直線には進まなかった。

孝徳朝の冠位

新たな礼法を定めた新政権は、官人の序列に関しても革新した。冠位制の改定である。冠位そのものは、推古朝において冠位十二階が設けられていた（四二頁）。ここでは、あらためて冠位十二階を含め、大化の冠位制の意義について考えてみたい。

まず推古朝の冠位十二階制は、それまで帰属する氏集団によって判断されていた政治的地位を、個人の業績をも評価対象にして、位階を授与しようとするものだった。推古朝における、一定の官司制の発展と関係している。『隋書』倭国伝にも「内官に十二等あり」とされ、「徳・仁・礼・信・義・智」という儒教的項目に大・小を付け加えた位階である。ただし、王族のほか蘇我氏は、授けられる方ではなく、授与する側に位置していた。この冠位十二階制は、朝鮮三国なかでも百済の影響が強いという。

次に大化の冠位制は、六四六年(大化二)八月に実施される。「今汝等《いまいましたち》を以《も》て、使仕《つか》ふべき状《かたち》は、旧《もと》の職《つかさ》を改去《す》てて、新《あらた》に百官《もものつかさ》を設《もう》け、位階《くらいのしな》を著《あらわ》して、官位《つかさくらい》を以て叙《さず》けたまはむ」というもの。さらに六四九年、巨勢徳陀古と大伴長徳《ながとこ》に大紫の位が授けられ、左右大臣に任命された。官職(百官)との関係で冠位を授位する、官位相当制の思想に基づいている。ただし、孝徳朝の官司機構は十分には整備されていないので(四〇頁)、たとえ記事が当時のものであっても、高く評価できないだろう。

また六四七年には、「織《しき》冠・繡《しゅう》冠・紫《し》冠・錦《きん》冠・青《しょう》冠・黒《こく》冠」の六種を大・小の二階に分けた十二階に「建武(初位)」を加えた七色十三階が制定された、さらに六四九年には、「大《だい》織・小《しょう》織・大繡・小繡・大紫・小紫・大花上《かじょう》・大花下《かげ》・小花上・小花下・大山上《せんじょう》・大山下《せんげ》・小山上・小山下・大乙上《いつじょう》・大乙下《いつげ》・小乙上・小乙下・立身《りゅうしん》」からなる冠位十九階が定まった。ともに冠と関係する位階の表示である。

ところで、飛鳥京跡第五一次発掘調査によって「大花下」などの冠位を記した木簡が出土した（図3―2）。「大花下」は冠位十九階制にしかみえない冠位であり、この冠位制が実施されていたことが明らかになった（岸俊男『日本古代文物の研究』）。これによって、「摂津大夫《せっつのだいぶ》従三位高《たか》向《むく》朝臣麻呂《まろ》薨《こう》しぬ。難波朝廷《なにわのみかど》の刑部尚書大花上国忍《ぎょうぶしょうじょだいかじょうくにおし》が子《こ》なり」（『続日本紀』和銅元年〈七〇八〉閏八月丁酉条）における「難波朝廷（孝徳朝）」の冠位記載が正しいことがわかる。

図3―2　飛鳥宮出土，冠位「大花下」(左)「白髪部五十戸」(右)木簡（奈良県立橿原考古学研究所提供）

大化の冠位制は、蘇我氏のような特権階級を排除し、中央貴族の全体的序列化をもくろんだものである。冠位によって、人間の高貴・尊卑が分別される。さらに、こうした位階制が整備されてくると、後の律令制にみられるように、官位相当制とも密接に関係した日本的官僚制の基礎原理として機能する。成人して官職をえると(入色という)、「無位」として勤める。そして、一定期間の勤務評定によって位階が与えられ、その位に相応しい官職に任命される、という仕組み。以上のように、孝徳朝の冠位制は「官位相当制」の政治理念を端緒的に保持していた。

歌木簡の出現

さて、前期難波宮からは、すでに述べたように「戊申年」(六四八年)の木簡が出土しているが、ここでは歌《うた》木簡をとりあげたい(図3−3)。

前期難波宮の「朝堂院」地区の西南部から出土した木簡で、六五〇年前後のものといわれる。まさに難波宮の宮内から出土した歌木簡である。歌木簡とは、儀式・饗宴で歌われる歌が書かれている木簡である。当時からそう呼ばれていたかどうかは、むしろ疑わしい。

その歌詞は、「皮留久佐乃皮斯米之刀斯□」である。読みは「はるくさのはじめし(の)とし□」とされており、「はるくさ」は春草、「はじめ」は初めである。次の三文字「之刀斯」は、

「之」が悩ましい。漢字の音かなを基準とすれば「し」であるが、意味が通りにくい。訓読みすれば「の」になり、意味がわかりやすくなるが、音訓で落ち着きが悪い。

「刀斯」の「刀」は上代特殊かな遣いでは「甲類のと」であり、「乙類のと」である「年」にはならない。このように少ない文字数にもかかわらず、すべて読むことができないのが現状である。文法が崩れかけているものという理解もあるが、新たな出土文字史料の出現と研究の進展を待ちたい。

図3–3 前期難波宮跡出土「はるくさ」木簡，写真(左)と赤外線写真(右)(大阪文化財研究所所蔵)

このような難しさもあるが、少なくとも「春草の初め」は歌詞の可能性が高い。木簡の出土地が、儀礼ないし饗宴の後に棄てられた場所とは限らないが、難波宮で行なわれた儀礼・饗宴と関係したことはまちがいなかろう。新しい王宮で、歌木簡を使った儀礼か饗宴が開かれたのである。

現在、「はるくさ」木簡は、最古の歌木簡である。これまでの和歌研究は、主に和歌が写本で伝えられたこともあり、写本研究が主流であった。ところが、最近では木簡や土器などに記されていた史料が発見され、同時代史料として扱う研究が必要になった。まだ研究は緒についたばかりである。歌木簡や歌墨書《ぼくしょ》土器に対し、その用途・機能・役割などに必ずしも結論を急ぐ必要はないが、いずれも歌や歌舞を伴う儀礼や饗宴の場で、使用されたものであろう。

歌木簡が、大化前代にさかのぼるかどうか、不明である。しかし、乙巳の変以降の難波宮で使われたことはまちがいない。重要なことは、難波宮の儀礼や饗宴で使われた事実である。難波宮においては、新しく元日朝賀や仏教法会が行なわれていた。そうした行事に関係した歌木簡なのである。

注意したいことは、歌木簡は漢字の一字一音で日本語を表記する漢字かなで書かれており、しかも、五(はるくさの)七(はじめしとし□)というように、五七の形式をとっていた可能性が高いことである。少なくとも、一般に古い歌の文字化が、漢字かなでなされたことはまちがいない。日本において、五七五七七というような定型詩の歌がいつ成立したのか、必ずしも明らかになっていない。中国の隋・唐の五言(五字の句)七言(七字の句)の漢詩の影響を受け、七世紀前半には作られたといわれる。一字一音の漢字かなによる日本語書記である(犬飼隆『儀式でうたうやまと歌』)。

なお、この歌木簡は、二尺程度(約六〇センチメートル)の長さであったと想定されている。この大きさが一つの標準型のようになるが、これまで出土した歌木簡には別の規格もある。用途によって木簡の大きさが決まるのかどうか、今後の検討を待ちたい。

大化改新と難波津木簡

さて、歌木簡は各地から出土しているが、大化改新との関係で注目されるのは、難波津を歌った木簡である。二〇一八年九月現在、前期難波宮の関連地域からは出土していない。ただし、将来の発掘調査で出土する可能性もある。現在、木簡としては七世紀後半の阿波《あわ》国(徳島県)をはじめ、飛鳥・藤原京・平城宮(奈良県)・平安京(京都府)・近江国(滋賀県)・播磨国(兵庫県)・越中《えっちゅう》国(富山県)等から出土している。今日のところ、もっとも古いものは、奈良県の中宮寺跡から出土した平瓦の側面にヘラ書きした「ツ尓佐久移己」である。七世紀代といわれ、場合によっては七世紀半ばまでさかのぼるという（東野治之『史料学探訪』）。

さて、藤原京左京七条一坊から出土した木簡は、以下のとおりである。

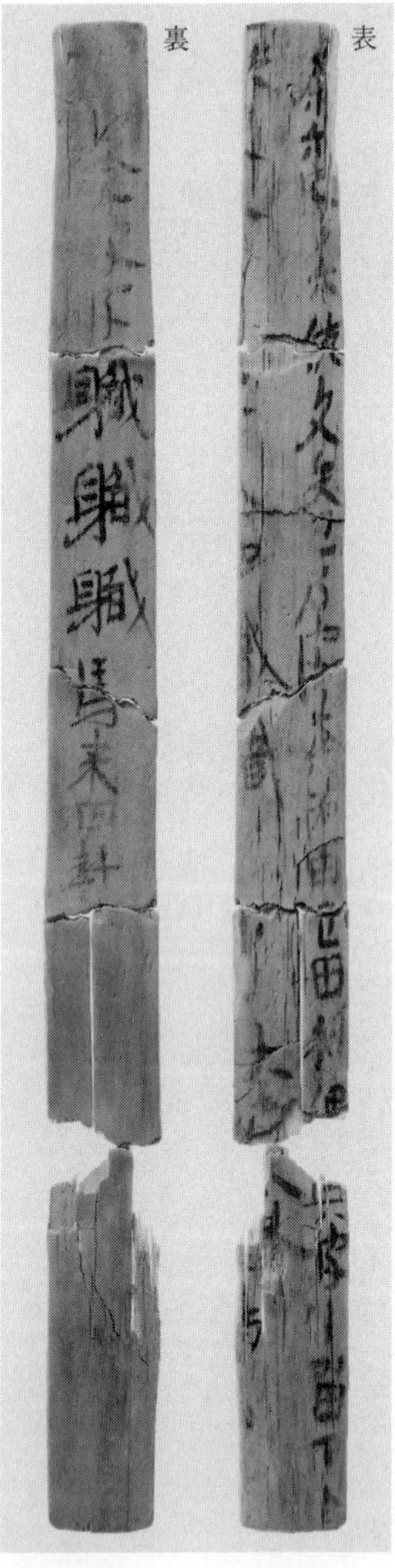

（表）奈尓皮ツ尓佐久矢己乃皮奈布由己母利伊真皮々留部止

佐久□〔矢カ〕□□　□〔皮〕□〔奈カ〕職職　□□　□与

大□太夫

（藤原京木簡一六一三、奈良文化財研究所）

平がなで記すと「なにはづにさくやこのはなふゆごもりいまははるべとさくや□□はな」となる。七〇二年(大宝二)末ないし七〇三年初頭に埋められた池状遺構から出土したという。木簡の裏面に「馬来田評《まくたのこおり》」(後の上総国望陀《もうだ》郡)とあるので、「評」の表記から、七〇一年完成の大宝令以前の木簡となる。

これは「難波津木簡」と呼ばれているが、『古今和歌集』の「仮名序」に、

難波津《なにはづ》に咲《さ》くやこの花冬籠《はなふゆごも》り今《いま》は春《はる》べと咲《さ》くやこの花

とあり、「歌の父母《ちちはは》の様《よう》にてぞ、手習《てなら》ふ人の、初《はじ》めにもしける」という歌の一つである。もう一つの手習い歌が「安積山《あさかやま》影さへ見ゆる山の井の浅き心を我《わ》が思はなくに」という「安積山の歌」である。『古今和歌集』では、難波津の歌と安積山の歌が父・母のように捉えられ、初心者の歌の手習いとされた。難波津の歌には「咲くやこの花」の語句が重ねて出てくるので、掛け合いの歌といわれている。儀礼・饗宴の場で歌われたのであろう。この難波津の歌と安積山の歌を一枚の表裏(両面)に記した木簡が、紫香楽宮《しがらきのみや》跡の宮町《みやまち》遺跡(滋賀県甲賀《こうか》市)から出土した。

書かれた時期は、七四四(天平一六)・四五年前後という(栄原永遠男『万葉歌木簡を追う』)。この頃、両歌はすでに儀式・饗宴などで歌われていたことがわかる。

さて難波津の歌にもどると、歌詞の「難波津」は、難波宮に関係する港のこと。「仮名序」には、「難波津の歌は、帝《みかど》の御初《おおむはじ》め也」と書かれている。文字どおり「難波津の歌は、天皇の最初(の歌。「御(おほむ)」は尊敬の語)」という意味であろう。一〇世紀初めに編纂された『古今和歌集』では、仁徳天皇に付会されている。『古事記』『日本書紀』において、仁徳は難波に都(高津宮)を置いた天皇であり、しかも『書紀』の歌謡で三一字の天皇歌は仁徳が最初である(新日本古典文学大系『古今和歌集』脚注)。仁徳が持ち出されるのは、当然の成り行きであろう。

したがって、古注に、「大鷦鷯帝《おおさゝきのみかど》の、難波津にて、親王《みこ》と聞《きこ》えける時、東宮を、互《たが》ひに譲《ゆず》りて、位《くらい》に即《つ》き給《たま》はで、三年《みとせ》に成《な》りにければ　王仁《(わに)》と言《い》ふ人の、訝《いぶか》り思《(おもい)》て、詠《よ》みて、奉《たてまつ》りける歌なり。この花は、梅《うめ》の花《はな》を言《い》ふなるべし」と記すのも頷ける。古注は『書紀』などに馴染んでいない人のために、つけられたという説もある(西村加代子『平安後期歌学の研究』)。いうまでもなく、『書紀』の記述に基づいた注釈である。

仁徳の時代に、五・七・五・七・七の歌が存在したという根拠はなく、仁徳付会説にこだわる必要はない。しかし、王仁が持ち出されているのは興味深い。『古事記』応神段では、和邇《わに》吉師《きし》（王仁）が『論語』『千字文』を伝来したことになっている。木簡では、『論語』『千字文』を記したものの出土が多いが、『論語』は漢語・漢文、『千字文』は漢字の習得に重要な役割を担っていた。難波津の木簡も各地から出土しているが、歌の習得と関係がある。これらが王仁の伝承でつながっている。官人の教養として習得が必要な古典や歌が、文筆を専門とする西文《かわちのふみ》氏の祖である王仁に結びつけられたのであろう。

注目したいのは手習い歌として、どうして難波津の歌が選ばれたのか、その理由である。この歌が難波地方の民謡かどうかはともかく、難波津が焦点となるのは、推古朝以降の遣隋使・遣唐使の派遣と関係する国際交流の拠点だったからであろう。王宮が営まれたことを重視するなら、大化改新後の難波遷都が画期となる。そのかぎりで、大化改新後から流行したという考え方は興味深い（西條勉『アジアのなかの和歌の誕生』）。森岡隆さんは、孝徳朝の難波遷都を契機に人口に膾炙し、かなの発達期と重なって手習い歌として急速に広がったとみている（「安積山の歌を含む万葉歌木簡三点と難波津の歌」）。

以上のように、難波津木簡と大化改新とのつながりは、十分に想定することができる。少なくとも難波津の歌が歌われる現場では、当初は改新の記憶と結びつき、政治的画期とされていたのではなかろうか。

4　仏教興隆の一画期としての大化改新

孝徳朝における仏教政策

『書紀』では、即位前紀に天皇の性格が記されているが、先述のように孝徳天皇は、「仏法《ほとけのみのり》を尊《とうと》び、神道《かみのみち》を軽《あなず》りたまふ」と書かれている。仏教に関しては、すでに敏達天皇について、「天皇《すめらみこと》、仏法《ほとけのみのり》を信《う》けたまはずして、文史《しるしふみ》(文章と歴史)を愛《この》みたまふ」、用明天皇について「仏法《ほとけのみのり》を信《う》けたまひ神道《かみのみち》を尊《とうと》びたまふ」とある。用明以降、仏教は受け入れられたと思われる。

さて、乙巳の変以降、使者を東国や諸国へ派遣したことは、すでに述べた。こうした派遣調査は、実は寺院に対しても行なわれていた。六四五年(大化元)八月、使者を「大寺《おおでら》」に遣わし、僧尼に対する詔が出されている。

その詔は、四項目から構成されている。一項目は、(1)倭国において仏教が浸透した歴史的時期を振りかえり、①五五二年(欽明一三)の仏教伝来時における、蘇我稲目の信仰姿勢、②敏達朝における、蘇我馬子の信仰態度、③推古朝において、馬子が天皇のために丈六(一丈六尺)の繡像と銅像を造って仏教を誉めたたえ、僧尼を恭敬したことをあげている。

この詔は、必ずしも当時の史料を記録したものではない。しかし、蘇我本宗家が倒れた乙巳の変後にもかかわらず、仏教興隆に大きな役割を担った稲目と馬子を正当に評価している。詔の骨子は、当時のものとしていいだろう。詔では、蘇我氏の役割を認めたうえで、今後は天皇自らが仏教振興策をとることを宣言している。冷静な仏教興隆策と理解できる。

その振興策は、後述するように、⑵仏教普及のため、十師《じっし》を設け、百済寺の寺主を任命する。⑶建立している寺院を支援し、寺司と寺主を任命する。そして、⑷寺院を巡行して、僧尼・奴婢・田畝を調査する、という方針である。

詔には飛鳥寺の僧の名も出てくるが、蘇我氏が建立した飛鳥寺の性格は、この時すでに変化している。乙巳の変で入鹿が暗殺された後、飛鳥寺は皮肉にも中大兄側の城(軍営)になっていた。この前後から、飛鳥寺は蘇我氏の「私寺」というより、国家の「官寺」としての性格が強くなってくる。

さて、詔にみえる⑵「十師」は、唐の「十大徳《だいとく》」に学んだ僧尼統制の制度で、僧尼を俗官・俗人ではなく、僧たち自身に統制させる機関である。この僧尼統制のしくみは、唐とは異なる日本独自の制度であり、後であらためて取りあげたいが、この十師には、唐に遣わされた学問僧や飛鳥寺の僧が任じられている。そのうちの一人僧旻には「寺主」と注記されているが、飛鳥寺の代表者であろうか。なお、「大寺」は飛鳥寺か、詔で寺主が任じられた百済大寺であろう。

さらに、⑶にみられる「凡《おおよ》そ天皇より伴造《とものみやつこ》に至《いた》るまでに、造《つく》る所《ところ》の寺、営《つく》ること能《あた》はずは、朕皆助《われみなたす》け作《つく》らむ」の施策は、寺院の造営を天皇が財政的に支援する趣旨である。事実上、寺院を官寺として扱う官寺化政策といえよう。ただし、地方の寺院も含まれるかどうか、少し問題がある。

詔には「天皇より伴造に至るまで」と記されている。このなかに国造を含めて考える説もある（菱田哲郎『古代日本　国家形成の考古学』）。しかし、「伴造に至るまで」の表記が具体的に誰を指すかと考えると、当時の書き方には「臣・連・国造・伴造」（『書紀』大化二年二月条など）もあるが、「臣・連・伴造・国造」（改新詔など）の方も多く、この場合は国造を含まない可能性もある。少なくともこの詔には「国造」の言葉はなく、天皇の支援対象に国造が含まれているかどうかは不明である。

孝徳朝の仏教儀礼

このように孝徳朝では、天皇主導による仏教振興策を行なうようになった。具体的には、どのような場において実行されたのであろうか。実は、すでに述べた孝徳朝の冠位施行とも仏教振興策は密接に関係していた。冠位十三階制(一九〇頁)の実施にあたり、冠を着用すべき機会についての指示がだされていた。「大会《だいえ》・饗客《きょうかく》・四月・七月の斎時《さいじ》」(『書紀』大化三年是歳条)である。「大会」とは即位や朝賀の儀式という。「饗客」は、外国使節の接待である。これらは王権と関係が強い。問題は次の「四月・七月の斎時」である。「四月」とは、四月八日の灌仏会《かんぶつえ》、「七月」は七月一五日の盂蘭盆会《うらぼんえ》で、いずれも仏教行事である。灌仏会は釈迦の誕生日を祝する法会であり、盂蘭盆会は、もとは三か月修行する夏安居《げあんご》の終了日にあたる行事であったが、後には祖先の霊を迎えて、供物を供え、経をあげる法会となる。

この仏教行事は、『書紀』推古一四年四月条によれば、この年から始まった法会とされている。冠位制は、推古朝の冠位十二階制の改定であったが、その際、推古朝から始まった灌仏会と盂蘭盆会に、有位者に冠を着けて参加させたのである。官人と仏教行事との密接な関係を示している。孝徳朝の諸改革が、推古朝で始まった行事と関係していることが興味深い。

なお、難波の王宮においても仏教儀礼が行なわれている。白雉二年(六五一)一二月晦《つごもりのひ》(月末のこと)条によれば、「味経宮《あじふのみや》に、二千一百余の僧尼《ほうしあま》を請《ま》せて、一切経読《いっさいきょうよ》ましむ」とある。

「一切経」とは、一切の仏教経典の総称である。夕方には、「二千七百余の燈《みあかし》を朝《みかど》の庭内《おおば》に燃《とも》して、安宅《あんたく》・土側《どそく》等の経を読《よ》ましむ。是《こ》に、天皇《すめらみこと》、大郡《おおごおり》より、遷《うつ》りて新宮《にいみや》に居《おわしま》す」とある。これらの読経《きょう》は、難波長柄豊碕宮(難波宮)を安らかに鎮めるためという。難波宮の安寧のために、仏教経典が使われた。神祇祭祀ではなく、仏教行事であることは注目できる。

さらに難波宮に移った翌年四月には、「沙門恵隠《ほうしええおん》を内裏《おおうち》に請《ま》せて、無量寿経《むりょうじゅきょう》を講《と》かしむ。沙門恵資《ほうしえし》を以《も》て、論議者《ろんげしゃ》とす。沙門《ほうしちはしら》一千を以て、作聴衆《さちょうじゅ》とす」(『書紀』白雉三年四月条)という行事がある。「無量寿経」は極楽浄土を賛美する経典であり、国土の平安を祈った講説であろう。講者(恵隠)と問者(恵資)の論議(仏教の法問答)を、千人の僧に聴衆として聞かせたのである。これが事実であれば、前期難波宮の広大な朝庭(九一頁)で行なわれた行事であろう。難波宮への移住は、仏教的精神で行なわれていることになる。なお、一二月の月末にも、内裏に僧尼を招請し、仏事と燃灯《ねんとう》を行なっている。難波宮は仏教で護持されていたようである。

日本独自の僧尼に対する統制

ところで、先述したように大化の僧尼統制機関は日本独自の仕組みであり、その後の律令制における僧尼統制機関につながっていった。ここでは僧尼について少し説明したい。

日本の律令法には、神祇令に続いて僧尼令が組み込まれている。ところが、日本の律令が見本にした唐令(永徽令《えいき》)には僧尼令相当の令の篇目はなく、道僧格《どうそうきゃく》という「格(律令の修正ないし補足の意味をもつ法律)」しかない。「道」は道教、「僧」は仏教のこと。僧尼令は、道僧格を参考にして編成されたのである。

僧尼令が律令に含まれることとは、僧尼・寺院が国家的規制を受けることを意味する。僧尼令には、僧尼の行動を規制した禁止条項が多く、ほかの令の篇目と異なり刑法の「律」に類似する。しかも、僧尼の刑法上の特権を含むほか、僧尼固有の刑罰を決めている。国家的規制とともに、僧綱《そうごう》(僧正《そうじょう》・僧都《そうず》・律師《りっし》による僧尼の統制機関)による僧尼統制の独自性を認めた方がいい(日本思想大系『律令』補注)。こうした僧尼統制策は、どのようにして生まれたのであろうか。

欽明朝に仏教が伝来してから、僧尼の統制が政治問題化したのは推古朝である。『書紀』によると、六二四年(推古三二)四月に、「一《ひとり》の僧有りて、斧《おの》を執《と》りて祖父《おおじ》を殴《う》つ」という事件が発生した。これが僧尼を統制する発端になる。

『書紀』の物語では、推古天皇が祖父を殴った僧(後の律令用語でいえば「悪逆」を働いた僧)と諸寺の僧尼を集め、罪状を取り調べさせた。推古は、悪逆の僧だけではなく、僧尼全体に罪を科そうとした。ところが渡来してきた百済僧が、僧尼はまだ法律(戒律だけではなく俗法も)を習熟していないので、悪逆の僧だけを処罰することを願いでて、これが功徳になることを説いた。推古は願いを聞き入れ、中国南朝系の「僧正・僧都」の制度を設置し、僧尼を僧正・僧都に任命して、僧尼を統制することにした。また、寺院財産を管理する「法頭《ほうず》」を設けたが、これは一般人（俗人）から任命した。これが最初の僧尼統制機関となる。

そして六四五年八月、「僧正・僧都」に代えて「十師」とし、十師と法頭からなる僧尼統制機関に改めた。興味深いことに、大化の冠位制も六〇三年（推古一一）の冠位十二階制の改定である（一九〇頁）。僧尼統制と冠位制は、ともに推古朝の制度を改めたことになり、両者は軌を一にしている。

このように日本では、中国南朝の僧尼統制策を受けついでいる。しかし中国では、南北朝を統一した隋とその後の唐は、仏教を国家による俗権の強力な統制のもとにおいた。つまり、仏教を俗権の国家権力の統制下に位置づけた。しかるに日本では、仏教界の代表者を通じて僧尼を統制するシステムを機能させた（井上光貞『日本古代の国家と仏教』）。なお、十師制は六五一年（白雉二）から六七三年（天武二）の間に、古い名称の僧正・僧都制に戻っている。後の僧綱制の起点である。

こうした歴史を振りかえると、推古朝に続いて孝徳朝が、日本的国家づくりの一つの画期であることが読み取れるだろう。ところで、読者はすでに気づかれたであろうが、六四六年の正月に発布される改新詔のなかに、僧尼・寺院や神社にかかわる規定は何もない。この面からみても、改新詔だけでは、孝徳朝の改革である大化改新の全貌はつかめない。

寺院の建立と僧尼

孝徳朝には寺院の官寺化策がとられたが、この時期に寺院はどのくらい建てられたのであろうか。また、僧尼の人数はどのくらいだろうか。ここでも推古朝までもどって、考えてみることにしたい。

『書紀』推古三二年(六二四)九月条に、

寺《てら》および僧尼《ほうしあま》を校《かんが》へて、具《つぶさ》にその寺の造《つく》れる縁《ことのよし》、また僧尼の入道《おこな》ふ縁《ことのよし》、および度《いえで》せる年《とし》月日《つきひ》を録《しる》す。是《こ》の時に当りて、寺四十六所、僧八百十六人、尼五百六十九人、あはせて一千三百八十五人有り。

と書かれた条文が参考になる。

この記事は、先の僧尼の統制詔とも関係しているだろうが、これら数値の信憑性が問題になる。「寺四十六所」の数は、鎌倉時代に編纂された『聖徳太子伝私記』には、厩戸皇子(聖徳太子)が建立した寺院数となっている。おそらく『書紀』の寺院数が独り歩きして、太子信仰と結びついたものであろう。太子建立の寺院数とは、無関係である。

考古学研究者によれば、推古朝の寺院数は二〇か所は数えられる(大脇潔「聖徳太子関係の遺跡と遺物」)。これは発掘調査からみた数であり、今後の発掘によって増える可能性がある。

次に参考になる史料は、六八〇年(天武九)五月に金光明経の講説のため絁《ふとぎぬ》・綿《わた》・糸などが施入された「京内《みやこのうち》二十四寺」の数値である。この「京」は、十条十坊の藤原京(大藤原京とも。六九四年〈持統八〉に藤原遷都)より、広い規模で考えられている。この二四寺の数は、想定できるという(花谷浩「京内廿四寺について」)。考古資料から検討された結果であるが、寺院数にはそれなりの信憑性がある。

また、『扶桑略記《ふそうりゃっき》』持統六年(六九二)九月条には、天下の諸寺を調べたところ「五百四十五寺」あったという。仏教関係に独自記事をもつ『扶桑略記』であるが、具体的根拠は不明である。郡の数は、八世紀前半で五五五、一〇世紀では五九〇余りといわれている(山中敏史「郡衙」)。一郡に一寺はあると考えれば、それほど過大な数ではない。ただし、七世紀後半に増加したのであろう。

残念ながら、孝徳朝の明確な寺院数は不明である。大脇潔さんの研究によれば、七世紀半ばに建立された寺院は、大和国では法輪寺《ほうりん》(斑鳩町)・額安寺《かくあん》(大和郡山市)など八寺、河内国では野中寺《やちゅう》(羽曳野市《はびきの》)など二寺、近江国では観音寺(草津市)など二寺、そして三河国の真福寺《しんぷく》(岡崎市)などである(大脇潔前掲論文)。これらが改新後の建立かどうかは定かではないが、新政権が支援した寺院が含まれているだろう。

僧尼の数については、先ほどみた『書紀』白雉二年(六五一)一二月条に「二千一百余の僧尼」とある。推古三二年条では一三八五人の僧尼数がかかげられているが、「二千一百余」の僧尼数も特に疑う必要はないかと思われる。

以上のように、孝徳朝には少なくない寺院が建設されていたことがわかる。

エピローグ――大化改新後と民衆

改新の記憶

大化改新の改革について、後世の人々はどのように評価したのであろうか。プロローグで「常陸国風土記」を紹介したように、地方においてはまずは評の設置が重要であったとみえ、壬生麿による開発伝承が残されていた。麿は茨城国造であり、しかも行方郡(評)の建郡者の一人であった。古い国造的世界から、新しい郡の世界への立役者である。

郡司についても、『続日本紀』において郡司選任の際、「難波朝庭《なにわのみかど》より以還《このかた》の譜第重大《ふだいじゅうだい》なる四・五人」(天平七年〈七三五〉五月丙子条)とあるように、「難波朝庭(孝徳朝)」が起点となっていた。評の官人(大宝令で郡司)を世襲するという「譜第」意識は、孝徳朝からである。地方豪族にとっては、地域の首長である郡司に任官されるには、孝徳朝が重要な画期として意識されていた(一一四頁)。

一方、奈良時代の民衆は、たとえば武蔵国多摩郡というように、特定の国と郡に所属していた。公民として戸籍に登録されるのは、「五十戸一里」の里(後に郷)を通してである。民衆の生業の多くは農業であるが、口分田は戸籍に登録された本貫地と同じ郡内で班給された。田地が少なく法定通りに班給できない地域(狭郷《きょうごう》という)では、郡が所属する国内で班給額が調整された。このように口分田の班給は、郡内の支給が原則であったから、所属する郡や郡司に対し、関心を持たざるをえなかっただろう。その郡司が、孝徳朝以降の譜第かどうか、何らかの関心を持っていたのではなかろうか。

ところで、大宝令には、勲功によって子孫を含めて田を与える「功田《こうでん》」の制度がある。田令功田条である。功田の等級は大功《たいこう》は無期限であるが、上功《じょうこう》は三世、中功《ちゅうこう》は二世、下功《げこう》は子に伝える規定である。この制度の運用についても、改新は大きな意味を持っていた。

七五七年(天平宝字元)一二月、大化以降で等級が定まっていない功田について、決定済みの等級を参考に新たに功田の等級が決められた。その際、先例となった事例は、(1)「乙巳年」とある大化改新、(2)「壬申年」と書かれた壬申の乱、そして(3)「大宝二年」の大宝律令の撰定であった。この三事項が、古代貴族にとって政治的勲功に該当する重要な案件であったことがわかる。(1)では藤原鎌足が大功とされ、最大級の評価を与えられている。それに対し、(2)の壬申の乱で活躍した人物への評価は中功、(3)の律令の編纂は下功として扱われた。奈良時代に活躍する藤原氏への政治的配慮があるとはいえ、軽視できないだろう。

なお、七五七年一二月には、養老二年(七一八)の養老律令の編纂や橘奈良麻呂《たちばなのならまろ》の変に活躍した人物らに対し、新たに功田の認定が行なわれた。乙巳の変関係では、入鹿暗殺に関与した佐伯連古麻呂《さえきのむらじこまろ》、吉野大兄《よしのの》(古人大兄)の謀反計画を密告した笠臣志太留《かさのおみしだる》(吉備笠臣垂とも)の功田の認定が行なわれている。大化改新は、大宝律令以前の政治条件として、壬申の乱とともに奈良時代の政治にとって大きな政治的勲功として扱われていた。

外と内の二つの戦争

前項で触れたように、壬申の乱は古代貴族にとって重要な体験であった。この事実は、『日本書紀』の編纂方法をみればさらに確かめられる。『書紀』は全体として三〇巻からなるが、最初の二巻は「神代」であり、巻三から巻三〇までが天皇紀である。基本的には、政治的事績がない「闕史八代《けっし》」の天皇(第二代の綏靖《すいぜい》から第九代の開化《かいか》天皇まで)を除くと、一人の天皇で一巻の構成である。ただし、二人・三人の巻もある。

ところが、天武天皇だけは二巻構成になっており、巻二八が即位以前の壬申の乱の記述に費やされ、「壬申紀」とも呼ばれている。そして巻二九が即位以降の編年史である。壬申紀は、壬申の乱を戦った個人の日記(手記)なども参照し、戦いの様子をリアルに描いている。そのため乱の勝利に貢献した人物の様相が、具体的にわかるようになっている。言ってみれば、奈良時代人にとっては、壬申の乱の戦いの功績が、その後の政治的立ち位置と関係していたのである。

その争いの原因は、天智没後の皇位継承である。大化改新までは、群臣の推挙という手続きで次の天皇が選ばれていたが、改新以降は、天皇一族の自律的意思によって、次の天皇が決まるようになった。しかし、その候補者は兄から弟へという継承(兄弟継承)か天皇の長子という従来方式が踏襲されていた。天智が作ったという「不改常典の法《ふかいじょうてん》」は、父系による皇位の直系継承を求めるものと考えられている。天智の弟である大海人皇子にとって、承認できないものであった。

この継承法によると、天智の子どもの大友《おおとも》皇子が即位する。実際にも、六七一年(天智一〇)には、大友皇子は太政大臣に任命されている。大友は、天智と伊賀采女との間の子どもであり、母は皇親(天皇の親族)や中央貴族の娘ではない。地方豪族の娘であり、当時は「卑母《ひぼ》」とされた。

しかし、本人の能力は「博学多通(多くの方面に通じるとの意味)、文武の材幹《さいかん》有り」とされ、

『懐風藻《かいふうそう》』では最大級の賛美がなされている。そして、「此の皇子《みこ》、風骨《ふうこつ》(風采骨格)世間《せけん》の人に似《に》ず、実《まこと》に此の国の分《ぶん》に非《あら》ず」という唐使劉徳高《りゅうとくこう》の言葉を伝える。八世紀半ばに編纂された漢詩集『懐風藻』は、判官びいきの傾向があるといわれるが、まったくの詐りではなかろう。

それはともかく、近江大津宮から吉野宮に退いていた大海人皇子は、挙兵して東国に入り、壬申の乱の戦いを勝ち抜いた。即位して天武天皇になって以来、八世紀後半の称徳(孝謙)天皇までは、天武系の天皇が続いたのである。壬申の乱の勝利は、時の皇親・貴族にとって、自らの存在を決定づけるものであった。

その一方、六六三年(天智二)に百済・倭国連合軍が、白村江において唐・新羅連合軍に敗戦した。この事件は、倭国の国づくりに大きな影響を与えることになった。西日本に朝鮮式山城を築造、大津宮への遷都、そして全国的戸籍(庚午年籍《こうごねんじゃく》)の作成など、いわば軍国体制へと進んでいくきっかけとなった。これらは大敗の結果からでた施策であり、戦いの功績ではない。政治的勲功の対象にならなかったのは、いうまでもない。

改新後の国づくり——戸籍と律令法

六七〇年(天智九)二月、「戸籍《へのふみた》を造《つく》る。盗賊《ぬすびと》と浮浪《うかれびと》とを断《や》む」(『書紀』同月条)とあり、全国的規模の戸籍である庚午《こうご》年籍が造られた。引き続き作成された全国的戸籍は、六九〇年（持統四）の庚寅《こういん》年籍である。『書紀』には、「今冬《このふゆ》に、戸籍《へのふみた》造るべし。九月を限《かぎ》りて、浮浪《うかれびと》を糺し捉《ただ》むべ《から》し。其《そ》の兵士《いくさびと》は、一国《くに》毎《ごと》に、四《よ》つに分《わか》ちて其の一《ひと》つを点《さだ》めて、武事《つわもののわざ》を習《なら》はしめよ」（持統三年閏八月庚申条）、「凡《おおよ》そ戸籍《へのふみた》を造《つく》ることは、戸令《こりょう》に依《よ》れ」（同四年九月乙亥条）と二つの記事がある。記事を検討すると、庚寅年籍は浄御原令の戸令に基づいて造られたが、庚午年籍は律令ではなく単行法令によって造籍されたと考えられる。

さて、庚午年籍作成の記事に「盗賊」と「浮浪」、庚寅年籍には「浮浪」と「兵士」の言葉があげられている。これらの記述に、戸籍作成の目的が端的に書かれている。どのような意味なのであろうか。

戸籍への登録は、民衆が居住する本貫地で行なわれた。庚午年籍の作成時は、すでに国評制と五十戸制（庚寅年籍では国評里制）が実施されており、民衆は五十戸ごとに掌握された。後の律令法に規定された五保《ごほ》のような相互監視制度が、存在したかどうかは不明である。しかし、戸籍への登録によって、本貫地への緊縛が強化されたと思われる。結果論にはなるが、戸籍登録によって浮浪が避けられ、その目的はほぼ達成されたからである。

律令法によると、「浮浪」とは本貫地から離れた地域に滞在しても（一時的居住を含む）、租税

（公租公課）の支払を済ませている場合のこと。租税も払わずに、本貫地から離れた「逃亡」とは区別される。しかし両者の用語は、時として混用される。この記述では浮浪の用法とは矛盾しないが、仮に逃亡の場合でも問題はない。盗賊は、物品を盗む人のことであるが、土地への緊縛が何らかの相互監視の役割を果たしていたのだろう。

庚寅年籍の作成時に掲げられた「兵士」は、どのような意味であろうか。実は、壬申の乱においては、まだ力役の徴発と兵士役との区別がなかった。律令軍制のような専門職としての兵士は存在していなかった。しかし、浄御原令において、戸籍の作成と兵士を徴発する規定が決められた。庚寅年籍以降は、兵士を一国単位に四つに分け、一グループごとに武事を教習させることにした。これは、戸籍作成が兵士徴発と密接な関係にあることを前提としている。

ところで、浄御原令制下の兵士と関係する木簡が出土している。福岡県太宰府市の国分松本遺跡から出土した、「嶋評戸口変動記録木簡」である（図4-1）。

木簡の使用時期は、六九一年（持統五）ないし六九七年（文武元）とされている（坂上康俊「嶋評戸口変動記録木簡をめぐる諸問題」）。どちらの年にせよ、浄御原令制下の木簡であり、『書紀』に書かれていた兵士の徴発が当時行なわれていた。木簡では、兵士と政丁（後の正丁か、二一～六〇歳の成年男子のこと）が区別されており、兵士の徴発が戸単位で優先的に行なわれていたことを

図 4-1　嶋評戸口変動記録木簡(太宰府市教育委員会より画像提供)

示している(律令法では、基本的に正丁から兵士を選出するようになる)。

このように国内の兵士制度は、浄御原令以降、旧来の国造・評制軍から律令制的兵士制へと転換するようになる。戸籍の作成が、兵士の徴発と兵士制の整備に密接につながっており、造籍と兵士制とが並行して実施されていた。なお、庚寅年籍は浄御原令の戸令に基づいていたが、浄御原令以前に「近江令」を想定する説もある。ただし、兵士の徴発制度をともなったかは疑問である。

浄御原令は、戸令のほか考仕令《こうしりょう》(大宝令も同名で、養老令は考課令)の篇目があることがわかっている。戸令は戸籍を通じた民衆支配、考仕令は官司に勤める官人の勤務評定が中心の篇目である。戸令の一部が改新詔に引用されているように、大化改新とも関係がある。考仕令関係の条文は、改新詔には含まれていない。改新詔には、中央の官僚制機構に関連する項目が存在しなかったからであろう。

浄御原令に続いて編纂されたのが、大宝律令である。ここに日本で初めて律令制国家が誕生した。律令には、「日本」という国名が含まれていた。天皇号は浄御原令に記されていたが、日本と天皇の名称を含む律令制国家がここに誕生したのである。

改新詔は、本文で述べたように、大宝令の文章で潤色されていた。つまり『書紀』の編纂者は、大宝令という枠組が、実際の大宝令制定時ではなく、六四六年の改新詔の時期であったことを表明しようとした。これは虚偽の表明であるが、蕃国を支配する日本国として、国としての枠組を整えたのが大宝令制定時では遅すぎると当時の政権は判断したのである。

改新は民衆に何をもたらしたか

大化改新によって、それまで山部・忌部などの部民であった民衆は、国家によって統治される公民へと変化した。それまでは国造に支配されていたが、新たな「評」制度のもとで五十戸ごとに編成されるようになった。しかし、評の官人(評督・助督など)は、実際にはかつての国造ないし国造クラスの首長であった。改新の動向も、この官人たちの行動にかかっていた。国造制支配のもとで、民衆の生活がどのように営まれていたのか、正直にいってわからないことが多い。本文で述べたように、国造の権限には⑴裁判権または刑罰権、⑵軍役を含む徴税権、⑶行政権としての「勧農」、このなかには、支配地域への校田・班田が含まれる、⑷祭祀権、が想定されている（四八頁）。

こうした国造法も地域によって独自色を持っていたはずであり、統一されていたわけではなかろう。国造が「民衆を恣意的に収奪した」といわれても、統一した基準がないので、評価はどうしても主観的になる。かつて石母田正さんが、大化前代の国造法として「百代三束（五百代が一町）」の原田租を指摘したが（『日本の古代国家』）、これは誤解に基づく想定であった（吉村武彦「大宝田令の復元と『日本書紀』」）。今日のところ、まだ各地の国造法の具体的内容までは掌握できない、といわねばならない。

しかし、改新詔などで統一した租税（公租公課）が設定されたことは、公民支配への制度化として重要な意味がある。最終的には律令制国家による課税対象として、良賤身分、老若男女に対する統一基準が設定された。課税対象は男性であり、女性は田租を負担するだけである。

これは、いわゆる「個別人身支配」の制度であるが、この時期でも国家が公民・家族成員を直接に管轄したのではない。郡司・里長をはじめ在地の官人や村落首長が果たした役割が重要であった。大化前代においては、国造という在地首長が民衆を支配していた。律令制時代も大化前代の社会も、国家対民衆の枠組だけでは捉えることのできない社会であった。

改新詔などによる課税の成文化と統一は、政府による制度化の問題として捉えることができる。改新以前は、各地域で国造が支配者として租税・力役を収奪していた。おそらく地域によって課税額は異なっていただろう。ところが、改新詔によって、全国で統一した基準の税額になった。

ただし、記載された基準どおりに徴発したかどうかは、確かめようがない。哲学的にいえば、改新詔のような制度には合理性と拘束性があるといわれる(中村雄二郎『制度論』)。上から設定された課税基準にどのような合理性があるのか、その説明は難しいが、民衆を拘束することはまちがいない。基準が設定されれば、支配者からの収奪に制限がかかるとともに、民衆側には税額に対する「不足」や「余剰」といった意識・感覚が生じることになる。当時、個別経営を行なっていた民衆の家産の多寡に加え、税額を保有するかどうかといった意識が芽生える。民衆の生活において、あらたな租税負担の生活意識が持ち込まれるからである。こうして民衆側は、新たな制度支配を一方的に結ばされた。

あとがき

かつて「大化改新」が、国際的に関心を持たれた時期があった。「改革・開放」が声高に叫ばれた中国で、日本の三大改革として、古代の大化改新、近代の明治維新、そして戦後改革が位置づけられた。一九八八年八月に北京大学では「国際文化交流――大化改新学術討論会」が開かれた。私も参加して報告したが、国内ではなく外国で盛り上がった研究会に驚いた。現在では、さすがにこうした高揚した研究気運はない。

日本における律令制国家の形成が、その後の歴史に大きな役割を果たしたことはいうまでもない。具体的には六八九年に浄御原令が施行され、七〇一年には大宝律令が完成した。しかし、『書紀』の編者は、改新の原詔を大宝令の条文で修飾し、あたかも大化改新が律令制の起点であったかのように、歴史を「修正」した。

本書でも述べたように、大化改新によって部・部民制が廃止され、かわって公民制が創出され、国造制が廃止されて新たに「評」制度が施行された。部・部民や評は、朝鮮半島の制度を日本的に運用したものである。しかし、改新期の国家機構の名称は、中国的な官職名を使用しており、大陸と半島の支配制度を組み合わせた「二重の支配制度」とも呼べる体制である。中国的な律令制によって、多くが一本化されるのは大宝律令を待たねばならなかった。

大化改新から大宝律令まで、七世紀後半の日本列島の歴史は白村江の敗戦と壬申の乱をはさみ、まさに激動期であった。「敗戦」と「乱」という国内外の戦争があったからこそ、「軍国体制」とも評される律令制国家の構築へと突き進んだのであろう。当時の先進国である唐の制度を取り入れることにより、大陸の周縁に位置する日本が唐と対等に渡りあい、半島の新羅を朝貢国扱いすることが可能だと判断したのだろう。

このように考えていくと、まずは大化改新といわれる改革が何であったのか、大化改新によって生じた社会の変化の実像を明らかにすることが最重要である。これまでの研究が、乙巳の変がなぜ起こったかという政治史研究と、改新詔の研究をはじめとする部民制・評制の研究とに注がれたことは当然であろう。しかし、『書紀』孝徳紀をひもとけば明らかなように、政治史や制度史に収斂できない興味深い記事がたくさん書かれている。

本書は、神祇祭祀・仏教から生活習慣に至るまで、大化改新がむしろ思想・文化・習俗などに大きな変革をもたらそうとしたことに注目し、あらためて大化改新を考えようという試みである。

ところが、研究の素材となる『書紀』や『風土記』は、律令制国家の成立という前提から編纂されている。当然のことながら、民衆生活や社会のありさまを描く記述はきわめて少ない。しかも、律令制支配下での歴史編纂というバイアス(偏り)を排除しながら、大化改新の実像を追っていくのは難しい。どこまで執筆意図が実現できたのか、心許ないところである。

今回も、構想・企画から執筆にかけて、新書編集部の古川義子さんにお世話になった。また、早稲田大学大学院文学研究科の橋本剛さんにも、多くのアドバイスをいただいた。ともに感謝して御礼を述べておきたい。

「古代史をおもしろく」と叫んできたが、まずは大化改新を考えるいとぐちになれば、望外の幸せである。

二〇一八年九月

吉村武彦

参考文献

青木和夫『日本律令国家論攷』岩波書店、一九九二
浅野　充『日本古代の国家形成と都市』校倉書房、二〇〇七
石上英一「古代における日本の税制と新羅の税制」(『朝鮮史研究会論文集』一一)、一九七四
石川県埋蔵文化財センター編『発見！　古代のお触れ書き』大修館書店、二〇〇一
石母田正『日本の古代国家』岩波書店、一九七一(岩波文庫、二〇一七)
石母田正『日本古代国家論』第二部、岩波書店、一九七三
磯貝正義『郡司及び采女制度の研究』吉川弘文館、一九七八
市　大樹『飛鳥藤原木簡の研究』塙書房、二〇一〇
市　大樹『日本古代都鄙間交通の研究』塙書房、二〇一七
市　大樹「木簡と日本書紀の用字」(『日本書紀の誕生』八木書店)、二〇一八
犬飼　隆『木簡による日本語書記史』笠間書院、二〇〇五
犬飼　隆『木簡から探る和歌の起源』笠間書院、二〇〇八
犬飼　隆『儀式でうたうやまと歌』はなわ新書、二〇一七
井上光貞『日本古代国家の研究』岩波書店、一九六五(『井上光貞著作集』一)
井上光貞『日本古代の国家と仏教』岩波書店、一九七一(『井上光貞著作集』八)

今泉隆雄『古代国家の東北辺境支配』吉川弘文館、二〇一五
江守五夫「婚姻形態と習俗」(『日本の古代』11「ウヂとイエ」、中央公論社)、一九八七
近江俊秀『道が語る日本古代史』朝日選書、二〇一二
大津 透『日唐律令制の財政構造』岩波書店、二〇〇六
大脇 潔「聖徳太子関係の遺跡と遺物」『聖徳太子事典』柏書房、一九九七
小口雅史「首長制的土地所有——国家的土地所有の前提としての」(新体系日本史3『土地所有史』一章、
　山川出版社)、二〇〇二
小田富士雄「筑後・上岩田遺跡の再検討」(『上岩田遺跡』V)、二〇一四
大日方克己「律令国家の交通制度の構造」(『日本史研究』二六九)、一九八五
折口信夫「古風の婚礼」(『折口信夫全集』15「民俗学篇 二」、中公文庫)、一九七六
鐘江宏之「「国」制の成立」(『日本律令制論集』上、吉川弘文館)、一九九三
鎌田元一「七世紀の日本列島」(『律令公民制の研究』塙書房)、二〇〇一
岸 俊男『日本古代文物の研究』塙書房、一九八八
岸 俊男『日本古代宮都の研究』岩波書店、一九八八
鬼頭清明『日本古代国家の形成と東アジア』校倉書房、一九七六
熊谷公男「阿倍比羅夫北征記事に関する基礎的考察」(『東北古代史の研究』吉川弘文館)、一九八六
熊谷公男『大王から天皇へ』講談社学術文庫、二〇〇八
栗原 弘『万葉時代婚姻の研究』刀水書房、二〇一二

古代交通研究会編『日本古代道路事典』八木書店、二〇〇四
小林昌二『高志の城柵』高志書院、二〇〇五
西郷信綱『古事記注釈』一、平凡社、一九七五
西條　勉『アジアのなかの和歌の誕生』笠間書院、二〇〇九
坂上康俊「嶋評戸口変動記録木簡をめぐる諸問題」(『木簡研究』三五)、二〇一三
栄原永遠男『万葉歌木簡を追う』和泉書院、二〇一一
坂本太郎「日本書紀と蝦夷」(『日本古代史の基礎的研究　上　文献篇』東京大学出版会)、一九六四
笹山晴生『日本古代衛府制度の研究』東京大学出版会、一九八五
佐藤次男「常陸国風土記の「角ある蛇」について」(『常陸国風土記と考古学』雄山閣)、一九八五
滋賀秀三『中国家族法の原理』創文社、一九六七
下出積與『日本古代の神祇と道教』吉川弘文館、一九七二
条里制・古代都市研究会編『日本古代の郡衙遺跡』雄山閣、二〇〇九
鈴木靖民『日本の古代国家形成と東アジア』吉川弘文館、二〇一一
須原祥二『古代地方制度形成過程の研究』吉川弘文館、二〇一一
関　和彦『風土記と古代社会』塙書房、一九八四
関口裕子「「大化改新」批判による律令制成立過程の再構成」上・下(『日本史研究』一三二・一三三)、一九七三
積山　洋『古代の都城と東アジア』清文堂、二〇一三

薗田香融『日本古代財政史の研究』塙書房、一九八一
高橋照彦「終末期古墳と薄葬令」(『大化改新と古代国家誕生』新人物往来社)、二〇〇八
高橋照彦「律令期葬制の成立過程」(『日本史研究』五五九)、二〇〇九
武田幸男「六世紀における朝鮮三国の国家体制」(『東アジア世界における日本古代史講座』四、学生社)、一九八〇
谷崎仁美「発見!「玉作五十戸俵」木簡」(『葦火』一七四)、二〇一五
寺田恵子「つまどひ(妻問、嬬問)」(『万葉ことば事典』大和書房)、二〇〇一
東野治之『長屋王家木簡の研究』塙書房、一九九六
東野治之『史料学探訪』岩波書店、二〇一五
中井真孝『日本古代仏教制度史の研究』法蔵館、一九九一
中尾芳治『難波宮の研究』吉川弘文館、一九九五
中尾芳治・栄原永遠男編『難波宮と都城制』吉川弘文館、二〇一四
中村太一『日本の古代道路を探す』平凡社新書、二〇〇〇
中村雄二郎『制度論』岩波書店、一九九三(『中村雄二郎著作集』二)
西嶋定生『中国史を学ぶということ』吉川弘文館、一九九五
西村加代子『平安後期歌学の研究』和泉書院、一九九七
西本昌弘『日本古代儀礼成立史の研究』塙書房、一九九七
西本昌弘『日本古代の王宮と儀礼』塙書房、二〇〇八

西本昌弘「改新政府と難波大郡宮・小郡宮」(『日本書紀研究』三〇、塙書房)、二〇一四
仁藤敦史『古代王権と支配構造』吉川弘文館、二〇一二
根本　靖「埼玉県東の上遺跡」(『日本古代の道路と景観』八木書店)、二〇一七
野田嶺志『日本古代軍事構造の研究』塙書房、二〇一〇
花谷　浩「京内廿四寺について」(『研究論集』XI、奈良国立文化財研究所)、二〇〇〇
馬場　基「駅と伝と伝馬の構造」(『史学雑誌』一〇五―三)、一九九六
早川庄八『天皇と古代国家』講談社学術文庫、二〇〇〇
林部　均『古代宮都形成過程の研究』青木書店、二〇〇一
原　秀三郎『地域と王権の古代史学』塙書房、二〇〇二
菱田哲郎『古代日本　国家形成の考古学』京都大学学術出版会、二〇〇七
藤岡　穣「野中寺弥勒菩薩像について」(『MUSEUM』六四九)、二〇一四
古市　晃『日本古代王権の支配論理』塙書房、二〇〇九
堀　敏一「古代中国の家父長制」(『家と家父長制』早稲田大学出版部)、一九九二
堀　敏一『中国古代の家と集落』汲古書院、一九九六
松原弘宣『日本古代の交通と情報伝達』汲古書院、二〇〇九
松原弘宣『日本古代の支配構造』塙書房、二〇一四
黛　弘道『律令国家成立史の研究』吉川弘文館、一九八二
水谷千秋「二種類の皇孫思想と天命思想について」(『史聚』五〇)、二〇一七

宮崎市定「漢代の里制と唐代の坊制」(『宮崎市定全集』七)、一九九二
森　公章『古代郡司制度の研究』吉川弘文館、二〇〇〇
森　公章「民官と部民制」(『弘前大学国史研究』一一八)、二〇〇五
森　公章『古代豪族と武士の誕生』吉川弘文館、二〇一三
森　公章『天智天皇』吉川弘文館、二〇一六
森岡　隆「安積山の歌を含む万葉歌木簡三点と難波津の歌」(『木簡研究』三一)、二〇〇九
森田克行「大阪府郡家川西遺跡」(『日本古代の郡衙遺跡』雄山閣)、二〇〇九
山尾幸久『「大化改新」の史料批判』塙書房、二〇〇六
山中敏史「評制の成立過程と領域区分」(『考古学の学際的研究』昭和堂)、二〇〇一
山中敏史「郡衙」(『日本考古学事典』三省堂)、二〇〇二
吉川真司『飛鳥の都』岩波新書、二〇一一
吉田　晶『日本古代国家成立史論』東京大学出版会、一九七三
吉田　晶『日本古代村落史序説』塙書房、一九八〇
吉田　孝『律令国家と古代の社会』岩波書店、一九八三
吉村武彦「律令制的班田制の歴史的前提について——国造制的土地所有に関する覚書」(『古代史論叢』中、吉川弘文館)、一九七八
吉村武彦「大化改新詔研究にかんする覚書」(『千葉史学』創刊号)、一九八二
吉村武彦「日本古代における婚姻・集団・禁忌」(『奈良平安時代史論集』上、吉川弘文館)、一九八四

吉村武彦「日本の古代社会と首長制」(『歴史学研究』五四七)、一九八五
吉村武彦『日本古代の社会と国家』岩波書店、一九九六
吉村武彦『ヤマト王権』岩波新書、二〇一〇
吉村武彦『女帝の古代日本』岩波新書、二〇一二
吉村武彦『蘇我氏の古代』岩波新書、二〇一五
吉村武彦「大宝田令の復元と『日本書紀』」(『明治大学人文科学研究所紀要』八〇)、二〇一七
李　泰鎮「韓国での結負法の伝統とその特徴」(『日本古代荘園図』東京大学出版会)、一九九六

(付記)

新書という性格上、引用論文の出典元について、書籍化されている場合は初出誌ではなく書籍の書誌を示した。そのため論文の発表年とは一致していない場合がある。

なお、『日本書紀』は日本古典文学大系、『続日本紀』は新日本古典文学大系を利用したが(どちらも岩波書店)、一部表記を変更した箇所がある。ほかの史料の引用も、読みやすいように平がな表記を用いるなど変更した箇所がある。

図版出典一覧

図1―1「七世紀初の東アジア地図」／西嶋定生『日本歴史の国際環境』東京大学出版会、一九八五、付録（一部改変）

図1―2「甘樫丘周辺遺跡図」／相原嘉之「甘樫丘をめぐる遺跡の動態」、『明日香村文化財調査研究紀要』第一五号、明日香村教育委員会、二〇一六、一三・一四頁（一部改変）

表1―2「五十戸（里）表記のある紀年銘木簡」／市大樹『飛鳥藤原木簡の研究』塙書房、二〇一〇、四四頁（一部改変）

図2―1「上町台地の遺跡と前期難波宮の立地」／中尾芳治「難波宮から藤原宮へ」、中尾芳治・栄原永遠男編『難波宮と都城制』吉川弘文館、二〇一四、二〇一頁（原図は寺井誠「孝徳朝難波遷都に伴う古墳の破壊」、『大阪歴史博物館研究紀要』六、大阪市文化財協会、二〇〇七、図1）

図2―3「五畿内図と四至の境界」／熊谷公男・白石太一郎「古代史の舞台　畿内とその近国」、吉村武彦ほか編『列島の古代史1　古代史の舞台』岩波書店、二〇〇六、二五二頁（一部改変）

図2―4「房総の国造分布図」／吉村武彦「古代の房総」、石井進・宇野俊一編『千葉県の歴史』山川出版社、二〇〇〇、二六頁（原図は（財）千葉県文化財センター編『房総考古学ライブラリー6　古墳時代（2）』、一部改変）

図2―5「久米官衙遺跡群」／松原弘宣『日本古代の支配構造』塙書房、二〇一四、五八頁

図2―6「七世紀の道路図」／参考、近江俊秀『道が語る日本古代史』朝日選書、二〇一二、一七六頁
図2―7「東国の道路」／中村太一『日本の古代道路を探す』平凡社新書、二〇〇〇、二二七頁
図2―8「東北地図、渟足柵・磐舟柵と郡山遺跡」／小林昌二『高志の城柵』高志書院、二〇〇五、六頁(原図、熊谷公男『古代の蝦夷と城柵』、一部改変)
図2―9、2―10「郡山遺跡Ⅰ期官衙、Ⅱ期官衙」／仙台市文化財パンフレット第五四集『郡山遺跡』仙台市教育委員会、二〇〇四、二・五頁

大化改新詔と養老令関連条文

大化改新詔

其一曰、罷昔在天皇等所立子代之民・処々屯倉、及別臣連伴造国造村首所有部曲之民、処々田荘。仍賜食封大夫以上、各有差。降以布帛、賜官人百姓、有差。又曰、大夫所使治民也、能尽其治、則民頼之。故、重其禄、所以為民也。

其二曰、初修京師、置畿内国司・郡司・関塞・斥候・防人・駅馬・伝馬、及造鈴契、定山河。

(1)凡京毎坊置長一人。四坊置令一人。掌按検戸口、督察奸非。其坊令、取坊内明廉強直、堪時務者充。里坊長、並取里坊百姓清正強幹者充。若当里坊無人、聴於比里坊簡用。

詔関連の養老令文

〔禄令食封条〕凡食封者、一品八百戸。二品六百戸。三品四百戸。四品三百戸。〈内親王減半〉。太政大臣三千戸。（略）〕

〔「治民」以下は、『漢書』恵帝紀から引用〕

(戸令置坊長条)凡京、毎坊置長一人。四坊置令一人〈掌検校戸口、督察奸非、催駈賦徭〉。

(戸令取坊令条)凡坊令、取正八位以下、明廉強直、堪時務者充。里長、坊長、並取白丁清正、強幹者充。若当里、当坊無人、聴於比里、比坊簡用。

(2)凡畿内、東自名墾横河以来、南自紀伊兄山以来、〈兄、此云制〉。西自赤石櫛淵以来、北自近江狭々波合坂山以来、為畿内国。

(3)凡郡以四十里為大郡。三十里以下四里以上為中郡、三里為小郡。其郡司、並取国造性識清廉、堪時務者、為大領・少領、強幹聡敏、工書算者、為主政・主帳。

(4)凡給駅馬・伝馬、皆依鈴伝符剋数。

(5)凡諸国及関、給鈴契。並長官執。無次官執。

其三曰、初造戸籍・計帳・班田収授之法。

(戸令定郡条)凡郡、以廿里以下、十六里以上、為大郡。十二里以上為上郡。八里以上為中郡。四里以上為下郡。二里以上為小郡。

(選叙令郡司条)凡郡司、取性識清廉、堪時務者、為大領少領。強幹聡敏、工書計者、為主政主帳。其大領外従八位上、少領外従八位下叙之。〈其大領・少領才用同者、先取国造〉。

(公式令給駅伝馬条)凡給駅伝馬、皆依鈴、伝符、剋数。

(公式令諸国給鈴条)凡諸国給鈴者、太宰府廿口。三関及陸奥国、各四口。大上国三口。中下国二口。其三関国、各給関契二枚。並長官執。無次官執。

(6)凡五十戸為里。毎里置長一人。掌按検戸口、課殖農桑、禁察非違、催駈賦役。若山谷阻険、地遠人稀之処、随便量置。

(7)凡田長卅歩、広十二歩為段。十段為町。段租稲二束二把。町租稲廿二束。

其四曰、罷旧賦役、而行田之調。

(8)凡絹絁糸綿、並随郷土所出。田・町絹一丈、四町成匹。長四丈、広二尺半。絁二丈、二町成匹。長広同絹。布四丈、長広同絹絁。一町成端。〈糸綿絇屯、諸処不見〉。別収戸別之調。一戸貲布一丈二尺。

(9)凡調副物塩贄、亦随郷土所出。

(10)凡官馬者、中馬毎一百戸輸一匹。若細馬毎二百戸輸一匹。其買馬直者、一戸布一丈二尺。

(11)凡兵者、人身輸刀甲弓矢幡鼓。

〔戸令為里条〕凡戸、以五十戸為里。毎里置長一人。〈掌検校戸口、課殖農桑、禁察非違、催駈賦役〉。若山谷阻険、地遠人稀之処、随便量置。

〔田令田長条〕凡田、長卅歩、広十二歩為段。十段為町。〈段租稲二束二把。町租稲廿二束〉。

〔賦役令調絹絁条〕凡調絹・絁・糸・綿・布、並随郷土所出。正丁一人、絹・絁八尺五寸、六丁成疋。〈長五丈一尺、広二尺二寸〉。美濃絁六尺五寸、八丁成疋。〈長五丈二尺、広同絹絁〉。糸八両、綿一斤、布二丈六尺。並二丁成絇・屯・端。

〔略〕其調副物、正丁一人、紫三両、紅三両、茜二斤、黄連二斤、〔略〕

〔廐牧令廐細馬条に細馬・中馬の用語〕

〔天武一四年一一月丙午条「大角小角、鼓吹幡旗、及弩抛之類、不応存私家。咸収于郡家」〕

(12)凡仕丁者、改旧毎卅戸一人、〈以一人充廝也〉。而毎五十戸一人、〈以一人充廝〉。以充諸司。以五十戸、充仕丁一人之粮。一戸庸布一丈二尺、庸米五斗。

（賦役令仕丁条）凡仕丁者、毎五十戸二人。〈以一人、充廝丁〉。三年一替。若本司、籍其才用、仍自不願替者、聴。

(13)凡采女者、貢郡少領以上姉妹及子女形容端正者。〈従丁一人、従女二人〉。以一百戸、充采女一人粮。庸布・庸米、皆准仕丁。

（後宮職員令氏女采女条）凡諸氏、氏別貢女、皆限年卅以下十三以上。雖非氏名、欲自進仕者、聴。其貢采女者、郡少領以上姉妹及女、形容端正者。皆申中務省奏聞。

＊大化改新詔は大宝令によって潤色されているが、大宝令の復元は煩雑になるので、関係する養老令の条文を提示するにとどめた。なお、〈 〉は条文の注釈文。

大化改新関連年表

西暦	和暦	記　事
588	崇峻 1	飛鳥寺の建設開始
589	2	•隋が中国を統一
591	4	「任那」復興のため，2万余の軍を筑紫に派遣する
592	5	蘇我馬子，崇峻を暗殺する．額田部皇女が豊浦宮で即位(推古天皇)
593	推古 1	厩戸皇子(聖徳太子)が立太子
594	2	推古，厩戸皇子と蘇我馬子に仏教興隆の詔を下す
596	4	飛鳥寺が完成する
600	8	第1次遣隋使
601	9	厩戸皇子が斑鳩宮を造る
602	10	来目皇子(厩戸の弟)を撃新羅将軍として筑紫に遣わす(翌年没)
603	11	当摩皇子(来目の兄)を征新羅将軍とするが，新羅攻撃は中止する．小治田宮に遷宮．冠位十二階制を制定(翌年施行)
604	12	厩戸皇子，憲法十七条を作る．朝礼を改める
605	13	厩戸皇子，斑鳩宮に移住する．この頃，斑鳩寺(法隆寺)着工か
607	15	壬生部を設置する．小野妹子を隋に遣わす
608	16	妹子が，隋使らと帰国する．隋使が帰国し，妹子とともに，高向玄理・僧旻らが留学生として派遣される
609	17	妹子が帰国する
612	20	蘇我馬子，推古に酒杯を献上して歌を詠む

613	21	難波と大和を結ぶ大道を造る
614	22	犬上御田鍬を遣隋使とする(翌年帰国)
618	26	高句麗が，隋の滅亡を伝える
620	28	厩戸皇子・蘇我馬子，「天皇記」「国記」を編纂する
622	30	厩戸皇子が，斑鳩宮で没
624	32	蘇我馬子，推古に葛城県の取得を要求するが許されず
626	34	蘇我馬子没．子の蝦夷，大臣に任命か(『扶桑略記』)
628	36	推古没．蘇我蝦夷が，一族の境部摩理勢を殺害
		•唐が中国を統一する
629	舒明 1	田村皇子即位(舒明天皇)
630	2	宝皇女立后．犬上御田鍬らを遣唐使として派遣．飛鳥岡本宮に遷宮
632	4	犬上御田鍬らが帰国
639	11	百済宮・百済大寺の建設開始
641	13	舒明，百済宮で没
642	皇極 1	宝皇女が即位(皇極天皇)．蘇我蝦夷が，大臣に再任される．蝦夷の子入鹿，自ら国政を執るという．皇極ほか，雨乞いを行なう．蝦夷，祖廟を葛城の高宮に建て，八佾の儛をする．また，今来の双墓を造る
		•高句麗で，大臣泉蓋蘇文が国王栄留王らを殺し，宝蔵王を立てる
643	2	飛鳥板葺宮に遷宮．蘇我蝦夷，入鹿に紫冠を私的に与え，大臣位に擬する．入鹿，斑鳩の山背大兄を襲撃し，自尽に追い込む
		•百済で，国王が権力を集中する
644	3	東国で常世神が流行．蝦夷・入鹿，家を甘檮岡に並び建て，戦備を整える

645	大化 1	蘇我入鹿暗殺され，翌日，蝦夷自尽(乙巳の変)．皇極天皇が譲位し，軽皇子即位(孝徳天皇)．中大兄が皇太子，阿倍内麻呂が左大臣，蘇我倉山田石川麻呂が右大臣に任じられる．「東国国司の詔」が出される．古人大兄，殺害される．難波遷都
646	2	「改新之詔」を発布．薄葬令ほか，「愚俗」を含む社会風俗の改革に関する詔を発布．品部の廃止．「任那の調」を廃止する
647	3	七色十三階の冠位を制定．越に渟足柵を造る • 新羅で，毗曇の乱が起こる
648	4	古冠をやめ，新冠位を施行．越に磐舟柵を造る
649	5	冠位十九階を制定．阿倍内麻呂没．蘇我倉山田石川麻呂，謀反の疑いで自尽．讒言した蘇我日向，左遷される．評制の実施
650	白雉 1	「白雉」改元
652	3	難波長柄豊碕宮が完成する
653	4	中大兄，孝徳と不和となり，皇極・皇后らを率いて飛鳥に戻る
654	5	孝徳，難波宮で没
655	斉明 1	皇極，飛鳥板葺宮で重祚(斉明天皇)．板葺宮焼失．飛鳥川原宮へ
656	2	後飛鳥岡本宮に遷宮．斉明，田身嶺に垣をめぐらせ，両槻宮を建てる．「狂心の渠」など土木工事を推進
657	3	飛鳥寺西に須弥山像を作る．盂蘭盆会
658	4	阿倍比羅夫，蝦夷を攻撃する．有間皇子，「斉明三失政」を語り殺害される
659	5	阿倍比羅夫，蝦夷を攻撃する(翌年は粛慎)
660	6	中大兄，漏剋を造る．百済，新羅・唐連合

		軍によって滅亡を伝える
661	7	斉明，百済救援のため，筑紫の朝倉宮に移る．斉明，朝倉宮で没．中大兄，皇太子として執政
662	天智 1	
663	2	倭・百済連合軍，白村江の戦いで，新羅・唐軍に大敗
664	3	甲子の宣
667	6	近江大津宮に遷都．大和高安城・讃岐屋島城・対馬金田城を築く
668	7	中大兄，正式に即位儀式(天智天皇)．倭姫立后．蘇我倉山田石川麻呂・蘇我赤兄の娘が天智の嬪になる
669	8	天智，中臣鎌足に大織冠を授け，「藤原」を賜姓．翌日，鎌足没
670	9	全国的戸籍の庚午年籍を造る
671	10	大友皇子を太政大臣，蘇我赤兄を左大臣，中臣金を右大臣に任命．天智，罹病．大海人皇子，吉野へ．天智，大津宮で没．大友が政務を執る
672	天武 1	壬申の乱．近江軍大敗し，大友皇子自殺．左大臣蘇我赤兄ら配流．大海人皇子，飛鳥岡本宮を経て飛鳥浄御原宮へ
673	2	大海人皇子，浄御原宮で即位(天武天皇)．鸕野皇女立后

吉村武彦

1945年朝鮮大邱生まれ．京都・大阪育ち
1968年東京大学文学部国史学科卒業，同大大学院
国史学専修中退
現在―明治大学名誉教授
専攻―日本古代史
著書―『日本古代の社会と国家』(岩波書店)
『日本社会の誕生』(岩波ジュニア新書)
『聖徳太子』『シリーズ日本古代史② ヤマト王権』『女帝の古代日本』『蘇我氏の古代』(岩波新書)
『日本の歴史3 古代王権の展開』(集英社)
『古代天皇の誕生』(角川選書)
『列島の古代史』(共編著，全8巻，岩波書店) ほか

大化改新を考える　　岩波新書(新赤版)1743

2018年10月19日 第1刷発行
2018年11月26日 第2刷発行

著 者 吉村武彦《よしむらたけひこ》

発行者 岡本 厚

発行所 株式会社 岩波書店
〒101-8002 東京都千代田区一ツ橋2-5-5
案内 03-5210-4000 営業部 03-5210-4111
http://www.iwanami.co.jp/

新書編集部 03-5210-4054
http://www.iwanamishinsho.com/

印刷・理想社 カバー・半七印刷 製本・中永製本

ISBN 978-4-00-431743-2　　Printed in Japan

岩波新書新赤版一〇〇〇点に際して

ひとつの時代が終わったと言われて久しい。だが、その先にいかなる時代を展望するのか、私たちはその輪郭すら描きえていない。二〇世紀から持ち越した課題の多くは、未だ解決の緒を見つけることのできないままであり、二一世紀が新たに招きよせた問題も少なくない。グローバル資本主義の浸透、憎悪の連鎖、暴力の応酬――世界は混沌として深い不安の只中にある。

現代社会においては変化が常態となり、速さと新しさに絶対的な価値が与えられた。消費社会の深化と情報技術の革命は、種々の境界を無くし、人々の生活やコミュニケーションの様式を根底から変容させてきた。ライフスタイルは多様化し、一面では個人の生き方をそれぞれが選びとる時代が始まっている。同時に、新たな格差が生まれ、様々な次元での亀裂や分断が深まっている。社会や歴史に対する意識が揺らぎ、普遍的な理念に対する根本的な懐疑や、現実を変えることへの無力感がひそかに根を張りつつある。そして生きることに誰もが困難を覚える時代が到来している。

しかし、日常生活のそれぞれの場で、自由と民主主義を獲得し実践することを通じて、私たち自身がそうした閉塞を乗り超え、希望の時代の幕開けを告げてゆくことは不可能ではあるまい。そのためには、いま求められていること――それは、個と個の間で開かれた対話を積み重ねながら、人間らしく生きることの条件について一人ひとりが粘り強く思考することではないか。その営みの糧となるものが、教養に外ならないと私たちは考える。歴史とは何か、よく生きるとはいかなることか、世界そして人間はどこへ向かうべきなのか――こうした根源的な問いとの格闘が、文化と知の厚みを作り出し、個人と社会を支える基盤としての教養となった。まさにそのような教養への道案内こそ、岩波新書が創刊以来、追求してきたことである。

岩波新書は、日中戦争下の一九三八年一一月に赤版として創刊された。創刊の辞は、道義の精神に則らない日本の行動を憂慮し、批判的精神と良心的行動の欠如を戒めつつ、現代人の現代的教養を刊行の目的とする、と謳っている。以後、青版、黄版、新赤版と装いを改めながら、合計二五〇〇点余りを世に問うてきた。そして、いままた新赤版が一〇〇〇点を迎えたのを機に、人間の理性と良心への信頼を再確認し、それに裏打ちされた文化を培っていく決意を込めて、新しい装丁のもとに再出発したいと思う。一冊一冊から吹き出す新風が一人でも多くの読者の許に届くこと、そして希望ある時代への想像力を豊かにかき立てることを切に願う。

（二〇〇六年四月）

岩波新書より

日本史

大化改新を考える	吉村武彦
江戸東京の明治維新	横山百合子
戦国大名と分国法	清水克行
東大寺のなりたち	森本公誠
武士の日本史	髙橋昌明
五日市憲法	新井勝紘
後醍醐天皇	兵藤裕己
茶と琉球人	武井弘一
近代日本一五〇年	山本義隆
語る歴史、聞く歴史	大門正克
義経伝説と為朝伝説 日本史の北と南	原田信男
出羽三山 山岳信仰の歴史を歩く	岩鼻通明
日本の歴史を旅する	五味文彦
一茶の相続争い	高橋敏
鏡が語る古代史	岡村秀典
日本の近代とは何であったか	三谷太一郎
戦国と宗教	神田千里
古代出雲を歩く	平野芳英
自由民権運動 〈デモクラシー〉の夢と挫折	松沢裕作
風土記の世界	三浦佑之
京都の歴史を歩く	小林丈広 高木博志 三枝暁子
蘇我氏の古代	吉村武彦
昭和史のかたち	保阪正康
「昭和天皇実録」を読む	原武史
生きて帰ってきた男	小熊英二
遺骨 戦没者三一〇万人の戦後史	栗原俊雄
在日朝鮮人 歴史と現在	水野直樹 文京洙
京都〈千年の都〉の歴史	高橋昌明
唐物の文化史	河添房江
小林一茶 時代を詠んだ俳諧師	青木美智男
信長の城	千田嘉博
出雲と大和	村井康彦
女帝の古代日本	吉村武彦
秀吉の朝鮮侵略と民衆	北島万次
コロニアリズムと文化財	荒井信一
特高警察	荻野富士夫
朝鮮人強制連行	外村大
古代国家はいつ成立したか	都出比呂志
渋沢栄一 社会企業家の先駆者	島田昌和
中国侵略の証言者たち	岡部牧夫 荻野富士夫 吉田裕 編
漆の文化史	四柳嘉章
平家の群像 物語から史実へ	高橋昌明
シベリア抑留	栗原俊雄
アマテラスの誕生	溝口睦子
中国残留邦人	井出孫六
証言 沖縄「集団自決」	謝花直美
遺唐使	東野治之
朝鮮通信使	仲尾宏
戦艦大和 生還者たちの証言から	栗原俊雄
金・銀・銅の日本史	村上隆

岩波新書より

中世日本の予言書　小峯和明
沖縄現代史〔新版〕　新崎盛暉
刀狩り　藤木久志
戦後史　中村政則
明治デモクラシー　坂野潤治
環境考古学への招待　松井章
源義経　五味文彦
日本人の歴史意識　阿部謹也
明治維新と西洋文明　田中彰
奈良の寺　奈良文化財研究所編
西園寺公望　岩井忠熊
日本の軍隊　吉田裕
聖徳太子　吉村武彦
東西／南北考　赤坂憲雄
江戸の見世物　川添裕
王陵の考古学　都出比呂志
日本文化の歴史　尾藤正英
日本の神々　谷川健一
南京事件　笠原十九司

日本社会の歴史　上・中・下　網野善彦
絵地図の世界像　応地利明
江戸の訴訟　高橋敏
神仏習合　義江彰夫
謎解き洛中洛外図　黒田日出男
従軍慰安婦　吉見義明
中世に生きる女たち　脇田晴子
考古学の散歩道　田中琢・佐原真
武家と天皇　今谷明
中世倭人伝　村井章介
琉球王国　高良倉吉
昭和天皇の終戦史　吉田裕
幻の声　NHK広島8月6日　白井久夫
西郷隆盛　猪飼隆明
平泉　よみがえる中世都市　斉藤利男
象徴天皇制への道　中村政則
正倉院　東野治之
軍国美談と教科書　中内敏夫

日中アヘン戦争　江口圭一
青鞜の時代　堀場清子
子どもたちの太平洋戦争　山中恒
江戸名物評判記案内　中野三敏
国防婦人会　藤井忠俊
インパール作戦従軍記　丸山静雄
徳政令　笠松宏至
日本文化史〔第二版〕　家永三郎
自由民権　色川大吉
寺社勢力　黒田俊雄
神々の明治維新　安丸良夫
茶の文化史　村井康彦
戒厳令　大江志乃夫
漂海民　羽原又吉
真珠湾・リスボン・東京　森島守人
陰謀・暗殺・軍刀　森島守人
東京大空襲　早乙女勝元
兵役を拒否した日本人　稲垣真美
平家物語　石母田正
演歌の明治大正史　添田知道

岩波新書より

天保の義民	松好貞夫
太平洋海戦史〔改訂版〕	高木惣吉
昭和史〔新版〕	遠山茂樹・今井清一・藤原彰
近衛文麿	岡義武
管野すが	絲屋寿雄
山県有朋	岡義武
明治維新の舞台裏〔第二版〕	石井孝
革命思想の先駆者	家永三郎
福沢諭吉	小泉信三
吉田松陰	奈良本辰也
「おかげまいり」と「ええじゃないか」	藤谷俊雄
犯科帳	森永種夫
大岡越前守忠相	大石慎三郎
江戸時代	北島正元
大坂城	岡本良一
豊臣秀吉	鈴木良一
織田信長	鈴木良一
歌舞伎以前	林屋辰三郎
京都	林屋辰三郎
日本の歴史 中	井上清
天皇の祭祀	村上重良
沖縄のこころ	大田昌秀
ひとり暮しの戦後史	塩沢美代子・島田とみ子
伝説	柳田国男
岩波新書で「戦後」をよむ	小森陽一・成田龍一・本田由紀
岩波新書の歴史 付・総目録1938-2006	鹿野政直

シリーズ日本近世史

戦国乱世から太平の世へ	藤井譲治
村 百姓たちの近世	水本邦彦
天下泰平の時代	高埜利彦
都市 江戸に生きる	吉田伸之
幕末から維新へ	藤田覚

シリーズ日本古代史

農耕社会の成立	石川日出志
ヤマト王権	吉村武彦
飛鳥の都	吉川真司
平城京の時代	坂上康俊
平安京遷都	川尻秋生
摂関政治	古瀬奈津子

シリーズ日本近現代史

幕末・維新	井上勝生
民権と憲法	牧原憲夫
日清・日露戦争	原田敬一
大正デモクラシー	成田龍一
満州事変から日中戦争へ	加藤陽子
アジア・太平洋戦争	吉田裕
占領と改革	雨宮昭一
高度成長	武田晴人
ポスト戦後社会	吉見俊哉
日本の近現代史をどう見るか	岩波新書編集部編

シリーズ日本中世史

中世社会のはじまり	五味文彦
鎌倉幕府と朝廷	近藤成一

世界史

移民国家アメリカの歴史　貴堂嘉之
フィレンツェ　池上俊一
マーティン・ルーサー・キング　黒﨑　真
ナポレオン　杉本淑彦
ガンディー　平和を紡ぐ人　竹中千春
イギリス現代史　長谷川貴彦
ロシア革命　破局の8か月　池田嘉郎
天下と天朝の中国史　檀上　寛
孫　文　深町英夫
古代東アジアの女帝　入江曜子
新・韓国現代史　文　京洙
ガリレオ裁判　田中一郎
人間・始皇帝　鶴間和幸
袁　世　凱　岡本隆司
二〇世紀の歴史　木畑洋一
イギリス史10講　近藤和彦

植民地朝鮮と日本　趙　景達
シルクロードの古代都市　加藤九祚
中華人民共和国史〔新版〕　天児　慧
新・ローマ帝国衰亡史　南川高志
近代朝鮮と日本　趙　景達
マヤ文明　青木和夫
四字熟語の中国史　冨谷　至
李　鴻　章　岡本隆司
新しい世界史へ　羽田　正
パル判事　中里成章
グランドツアー　18世紀イタリアへの旅　岡田温司
マルコムX　荒このみ
パリ　都市統治の近代　喜安　朗
ノモンハン戦争　モンゴルと満洲国　田中克彦
中国という世界　竹内　実
ウィーン　都市の近代　田口　晃
紫　禁　城　入江曜子
ジャガイモのきた道　山本紀夫

北　京　春名　徹
創氏改名　水野直樹
フランス史10講　柴田三千雄
地　中　海　樺山紘一
多神教と一神教　本村凌二
奇人と異才の中国史　井波律子
ドイツ史10講　坂井榮八郎
ナチ・ドイツと言語　宮田光雄
離散するユダヤ人　小岸　昭
アメリカ黒人の歴史〔新版〕　本田創造
ゲルニカ物語　荒井信一
上海一九三〇年　尾崎秀樹
ゴマの来た道　小林貞作
文化大革命と現代中国　安藤正士・太田勝洪・辻康吾
ピープス氏の秘められた日記　臼田　昭
中世ローマ帝国　渡辺金一
書物を焼くの記　鄭振鐸　安藤彦太郎・斎藤秋男訳

文学

武蔵野をよむ　赤坂憲雄
原民喜　死と愛と孤独の肖像　梯久美子
中原中也　沈黙の音楽　佐々木幹郎
戦争をよむ　70冊の小説案内　中川成美
夏目漱石と西田幾多郎　小林敏明
正岡子規　人生のことば　復本一郎
『レ・ミゼラブル』の世界　西永良成
北原白秋　言葉の魔術師　今野真二
文庫解説ワンダーランド　斎藤美奈子
俳句世がたり　小沢信男
漱石のこころ　赤木昭夫
夏目漱石　十川信介
村上春樹は、むずかしい　加藤典洋
「私」をつくる　近代小説の試み　安藤宏
現代秀歌　永田和宏

言葉と歩く日記　多和田葉子
近代秀歌　永田和宏
杜甫　川合康三
古典力　齋藤孝
食べるギリシア人　丹下和彦
和本のすすめ　中野三敏
老いの歌　小高賢
ラテンアメリカ十大小説　木村榮一
王朝文学の楽しみ　尾崎左永子
正岡子規　言葉と生きる　坪内稔典
文学フシギ帖　池内紀
ヴァレリー　清水徹
白楽天　川合康三
ぼくらの言葉塾　ねじめ正一
季語の誕生　宮坂静生
和歌とは何か　渡部泰明
小林多喜二　ノーマ・フィールド
いくさ物語の世界　日下力
漱石　母に愛されなかった子　三浦雅士

中国の五大小説 上　三国志演義・西遊記　井波律子
中国の五大小説 下　水滸伝・金瓶梅・紅楼夢　井波律子
中国名文選　興膳宏
小説の読み書き　佐藤正午
森鷗外　文化の翻訳者　長島要一
英語でよむ万葉集　リービ英雄
源氏物語の世界　日向一雅
花のある暮らし　栗田勇
読書力　齋藤孝
一億三千万人のための小説教室　高橋源一郎
ダルタニャンの生涯　佐藤賢一
花を旅する　栗田勇
一葉の四季　森まゆみ
西遊記　中野美代子
中国文章家列伝　井波律子
翻訳はいかにすべきか　柳瀬尚紀
太宰治　細谷博
隅田川の文学　久保田淳

岩波新書/最新刊から

1737
日本の税金 第3版
三木義一著
定評ある入門書の最新アップデート版。所得税、法人税、相続税、消費税、地方税、国際課税。基本的な考え方と仕組みを解説する。

1738
ルイ・アルチュセール
―行方不明者の哲学―
市田良彦著
現代思想を代表するマルクス主義理論家か、妻を殺めた狂気の人か。知られざるアルチュセール(一九一八―九〇)の哲学とは何か。

1739
まちづくり都市 金沢
山出保著
新幹線開業後、訪れる人が増加し、まちそのものが魅力的と言われるのはなぜなのか。まちづくりの過程を描きながら、答えを探る。

1740
武蔵野をよむ
赤坂憲雄著
今もって豊饒な一二〇年前の名短篇、国木田独歩「武蔵野」を、冒険的かつ愉楽的に精読。新たな地域学のはじまりを予感しながら。

1741
日米安保体制史
吉次公介著
時々に厳しい批判を浴びせられながらも長期間維持されてきたのはなぜなのか。形成から変容までの全過程を丁寧にたどる基本の一冊。

1742
サイバーセキュリティ
谷脇康彦著
深刻さを増すサイバー攻撃から重要な情報をどう守るか。政府のサイバーセキュリティの責任者をつとめた著者がわかりやすく解説。

1743
大化改新を考える
吉村武彦著
例えば『日本書紀』の「雨乞い」記事から、何が読みとれるか。徹底した史料解読を通じて日本史上最も有名な大改革の実態に迫る。

1744
移民国家アメリカの歴史
貴堂嘉之著
近代世界のグローバルな人流や、日本・中国などアジア系移民の歴史経験に着目して、「移民の国」のなりたちと理念をとらえる。

(2018.11)